GIULIA MORATTI

IL MAESTRO SEI TU

Come Vivere una Vita Felice, Vincente e Autentica Scoprendo Chi Sei Veramente Oltre la PNL e gli Inganni della Mente

Titolo

"IL MAESTRO SEI TU"

Autore

Giulia Moratti

Editore

Bruno Editore

Sito internet

http://www.brunoeditore.it

Tutti i diritti sono riservati a norma di legge. Nessuna parte di questo libro può essere riprodotta con alcun mezzo senza l'autorizzazione scritta dell'Autore e dell'Editore. È espressamente vietato trasmettere ad altri il presente libro, né in formato cartaceo né elettronico, né per denaro né a titolo gratuito. Le strategie riportate in questo libro sono frutto di anni di studi e specializzazioni, quindi non è garantito il raggiungimento dei medesimi risultati di crescita personale o professionale. Il lettore si assume piena responsabilità delle proprie scelte, consapevole dei rischi connessi a qualsiasi forma di esercizio. Il libro ha esclusivamente scopo formativo.

Sommario

Prefazione   pag. 5

Introduzione   pag. 9

Cap. 1: Come iniziare un viaggio di crescita personale   pag. 12

Cap. 2: Come dare una svolta alla tua vita   pag. 43

Cap. 3: Come rendere la tua mente efficace e vincente   pag. 70

Cap. 4: Come uscire dall'ipnosi collettiva   pag. 102

Cap. 5: Come potenziare il tuo cervello cardiaco   pag. 131

Cap. 6: Come interpretare i segnali dell'universo   pag. 154

Cap. 7: Come fare ritorno all'Uno   pag. 176

Conclusione   pag. 192

Appendice   pag. 196

Ringraziamenti   pag. 200

Al mio team, siete persone straordinarie, pura Luce.
Tutto questo senza di Voi non esisterebbe.
Il Vostro Amore è il Dono più immenso dell'Universo.
Grazie

Prefazione

Finalmente, eccoti qui. Sono felice di iniziare questo viaggio insieme, sai? Lo sono con tutto il mio cuore. Questo è il momento perfetto per connetterci e interconnetterci e, se ora stai stringendo il libro tra le mani, significa che sei pronto.

Se credi che questo sia solo un caso, perché magari il libro te l'ha "casualmente" consigliato un'amica, devo darti la felice notizia che il caso, nei termini più assoluti, non esiste. Magari ora la mente ti starà dicendo: «Figurati se il caso non esiste! Ma cosa dice questa pazza svitata!» Smettila di darle così importanza! Si chiama mente in quanto *mente* per definizione!

Ti aspetta un lungo ed entusiasmante percorso di crescita e, grazie anche a questo libro, scoprirai come l'impossibile sia solo un inganno che vive in quella parte di te che, probabilmente fino a oggi, ti sarai raccontato essere l'unica possibile.

Sei molto più di tutto quello che, fino a questo momento, hai ritenuto essere la tua essenza, e sei molto più immenso di quello che ti hanno indotto a credere. Mi scuso con le donne se scriverò al maschile, è solo per praticità, ma il primo e più sacro inchino va a voi, care sacerdotesse.

L'obiettivo di questo libro è quello di condurti a un'autentica consapevolezza, allo scoprire finalmente chi sei e qual è il tuo scopo qui su Madre Terra e guidarti nel raggiungere quello stato di coscienza chiamato felicità, oggi la *conditio sine qua non* che ti permetterà di manifestare i tuoi obiettivi e di esaudire le tue richieste all'Universo, in perfetta armonia ed ecologia con la sacralità di tutto ciò che ti circonda.

Imparerai a conoscerti e a conoscere, perché il primo passo è uscire dall'ignoranza che ti hanno installato, talvolta volutamente, per impedirti di raggiungere la piena realizzazione ed espressione di te stesso. E nel corso del libro ne comprenderemo i motivi. Uscirai da quella che io definisco "un'ipnosi collettiva indotta", che ci porta a identificarci solo con la nostra mente, conducendoci a vivere un'intera vita nell'inganno e lontani dalla nostra vera essenza.

Armonizzeremo, inoltre, la nostra natura multidimensionale: depotenzieremo la mente, potenzieremo il cuore e risveglieremo l'anima, perché solo così facendo potremo parlare di vera integrazione della coscienza e di crescita personale.

Non basta "raggiungere degli obiettivi" o "essere ricchi e famosi" per essere persone vincenti e di autentico successo. Oggi è richiesto molto di più. Siamo in un'epoca storica meravigliosa, ma che richiede un grande impegno e una strepitosa crescita personale da parte di tutti noi.

Facendo un parallelismo con l'antica Roma, è come se stessimo assistendo alla caduta di un impero. Ti ricordo che Roma è amore scritto al contrario, Amor, quindi stravolto nella sua essenza. Nel nuovo regno di amore, dobbiamo aumentare le nostre frequenze e le nostre vibrazioni, questa è la nuova Legge dell'Universo, oltre che della fisica quantistica.

Ti chiedo solamente, nel leggere questo libro, di lasciare scivolare via ogni giudizio, prima di tutto verso te stesso, in modo da poter essere completamente libero. Stai felice, io ti insegnerò come fare passo dopo passo. Il mio consiglio è di leggere ogni pagina con uno spirito leggero e meravigliosamente bambino e io ti aiuterò a mantenere un fanciullesco e autentico entusiasmo, hai la mia parola.

Non vedo l'ora di iniziare questo meraviglioso viaggio insieme. Adesso è tempo di lasciare il porto sicuro e salpare verso le meravigliose profondità di te stesso.

Grazie per la fiducia che hai avuto nello scegliere questo libro. Il tuo è stato un atto di amore puro e te ne sono profondamente e felicemente grata. L'Universo ti ripagherà.

Grazie con tutto il mio cuore.

Giulia Moratti

Introduzione

Mamma, ma chi sono io? Da dove vengo? Perché esisto? Grandi occhi neri, protetti da un paio di occhiali rotondi, come a volermi riparare da un mondo che amavo, ma che sentivo che avrei dovuto cambiare, e farlo avrebbe anche voluto dire morire e rinascere tante volte. Non mi sentivo una "bambina comune".

Be', di certo non lo ero. Timida, tendenzialmente introversa per proteggere quei sogni immensi dentro di me, quella magia che sapevo che un giorno avrei condiviso con il mondo intero. Era la mia missione e, anche se ancora non la riconoscevo, il mio cuore già la conosceva molto bene.

Ero un'anima antica. Venere. Cleopatra. Strega. Fata. Mi hanno chiamata in tanti modi. Ma, in fondo, io sono sempre stata io. Pura anima, pura coscienza.

Mia madre mi ripeteva sempre che sembravo un'anziana saggia in un corpo di bambina. E solo dopo molti anni capii che aveva davvero ragione. La mia vita non era iniziata l'8 marzo 1989. Quella era solo la data che la mia anima aveva scelto per reincarnarsi e per adempiere a una nuova missione.

Avevo scelto la mia adorata famiglia biologica, ma quando avrei ritrovato quella animica? La risposta è semplice. Quando sarei stata pronta. L'Universo è una bomba d'amore. E ci dona tutto al momento giusto. Le regole sono molto semplici. Basta imparare le tre C: credere, comprendere e crescere. E solo questo ti chiedo di fare mentre leggerai questo libro. Credere, comprendere e crescere.

E ti assicuro che la magia si trasmetterà dal mio cuore al tuo, fino al nostro perché, prima di iniziare questo straordinario viaggio insieme, voglio svelarti un grande segreto, forse il più grande di tutti: la separazione non esiste, è solo un inganno della mente e ora è tempo di depotenziarla per renderla potentissima.

Non amo le etichette ma, dato che sono utili per farci conoscere, posso dirti che sono un'Awake Coach, detto in altri termini una Mental Coach risvegliata, in quanto, dopo lunghi studi, ho compreso che la scienza e la spiritualità sono la stessa identica cosa e che mantenerle separate vorrebbe dire essere solo una coach, una guida inconsapevole e di vecchio stampo, tra l'altro molto ignorante e fuori tempo.

Ma io per te sarò molto di più, esattamente come tu lo sarai per me. E, alla fine del libro, capirai perfettamente che cosa ti sto dicendo.

Buon viaggio, fratello.

«Credi, comprendi e cresci. Ecco la formula magica più potente, un mantra che risuona come un'eco nell'Universo» (Giulia Moratti).

Capitolo 1:
Come iniziare un viaggio di crescita personale

«Sei esattamente tutto quello che hai scelto di essere.
Devi solo avere il coraggio di svelarlo a te stesso».
Giulia Moratti

1989. Un grande salto vibrazionale. Madre Terra. Eywa. A me piace chiamarla così, in quanto ritengo che *Avatar* sia un film molto utile per l'elevazione dello spirito e il risveglio della coscienza. Anzi, dato che questo libro vuole prima di tutto darti degli strumenti pratici per la tua crescita personale, nel caso in cui non lo avessi ancora fatto, se riesci, guarda il film prima di proseguire nella lettura, in quanto ti chiarirà perfettamente cosa voglio dirti quando intendo che Eywa è un essere vivente a tutti gli effetti e, di conseguenza, una creatura sacra e spirituale.

Questo è un punto di partenza fondamentale per il nostro percorso insieme e ci tengo molto che tu segua i miei consigli. Sai perché? La prima caratteristica dei bambini è quella di fidarsi incondizionatamente l'uno dell'altro e la fiducia è una delle manifestazioni più straordinarie dell'amore. Io mi fido totalmente di te e, come compagna di giochi, ti chiedo di fare lo stesso.

Le regole sono molto semplici, già le conosci. Credere, comprendere e crescere. E, a queste, aggiungo i tre grazie. Grazie, grazie, grazie. Manifestarti la mia profonda gratitudine è un'altra regola importante. L'Universo ha leggi molto precise e, se noi siamo grati, lui ci sarà grato.

Scienza e spiritualità sono la stessa identica cosa, lo sapevi?
Come ti dicevo, Eywa vive, a tutti gli effetti, esattamente come noi, e in quanto tale è la nostra Grande Madre. Il suo compito è quello di evolvere insieme ai suoi figli, cioè insieme a tutte le creature che la popolano e, nel 1989, la nostra Grande Madre, per volere dell'Universo, ha iniziato un rapido percorso di crescita sul piano energetico e vibrazionale, chiamando a sé i suoi figli.

Ci tengo a spiegarti tutto nei dettagli, ci tengo a essere scientifica, perché non voglio dare spazio alla tua mente, che mente, di ingannarsi e ingannarti raccontandoti che qualcosa di quello che impareremo è impossibile. La tua mente è stata allenata per anni a ingannarti e allontanarti dalla verità, ma stai felice, in questo libro impareremo anche come depotenziarla in modo da renderla una nostra preziosa alleata e non una "nemica".

Sappi che scienza e spiritualità coincidono e questa è una grande verità scientifica. Anche se alla tua mente hanno fatto credere il contrario, tu non crederci. La separazione è solo un forte inganno. Tutto è Uno. E nel nostro essere totalmente logici possiamo affermare con certezza che scienza e spiritualità sono la stessa identica cosa. Nel corso del libro, il perché ti sarà sempre più chiaro. Non dare importanza alla mente che vuole dati e sapere "tutto e subito".

Conosci la teoria dei bambini Indaco? Di quei sacri pupetti che guarda caso (e sono ironica, il caso assolutamente non esiste) hanno iniziato a nascere in massa sulla Terra proprio sul finire degli anni Ottanta? Ci è molto utile conoscere questa teoria per "mettere insieme i pezzi" di un puzzle meraviglioso che è il grande salto quantico che abbiamo effettuato e stiamo effettuando in questa meravigliosa epoca storica, insieme alla nostra Grande Madre.

Nancy Ann Tappe – definita una parapsicologa ma, se dobbiamo darle un'etichetta, io la definirei "scienziata" – negli anni Settanta ha effettuato una grande scoperta: al mondo stavano nascendo bambini con caratteristiche, persino genetiche, completamente nuove.

Erano bambini con due eliche di DNA attive, dotati persino di abilità definite "paranormali", ma questo è inesatto, in quanto il paranormale è qualcosa che va contro le leggi della fisica e questi bambini sono invece totalmente allineati con le leggi della fisica quantistica.

Erano considerati "anormali", semplicemente lo erano per una limitatissima visione di Terza Dimensione (più avanti nel libro capiremo insieme cosa significa questo). Bambini, sul piano vibrazionale, molto più potenti degli esseri umani che li hanno preceduti, venuti al mondo con una nuova energia per aiutare Eywa nel suo salto quantico.

Creature speciali, nate per rompere i vecchi schemi e crearne nuovi, per scardinare l'Impero di Roma e far nascere Amor, un'era più giusta e piena di amore. Spesso incompresi. Spesso ribelli, dallo spirito guerriero. Avere un cuore impavido era necessario per adempiere alla loro missione.

Nati in massa a partire dagli anni Ottanta, ora i loro figli si chiamano "Bambini Cristallo", e non è un caso che le parole "Cristo" e "Cristallo" portino la stessa vibrazione (creature sacre, con quattro eliche di DNA attivate). Gli Indaco hanno rotto i vecchi schemi, i Cristallo sono portatori di pace. E ora stanno arrivando i Diamantini, ma questa sarà ancora una nuova e meravigliosa storia.

Fermo fermo fermo, stoppa la mente! Se pensi che quello che dico sia falso, ci sono due possibilità: o hai attivato la mente che mente, o guardi troppa televisione e ti informi troppo sui giornali. Mi spiego meglio. Tutta la verità scientifica che ti sto trasmettendo sembra in contrasto con il bombardamento di informazioni che ci arrivano ogni giorno, volte ad alienarci da noi stessi e ad allontanarci dalla verità.

Visto che il primo obiettivo di questo libro è allenarti alla felicità, in modo che tu possa vivere una vita autentica, gratificante e piena di quella magia che le darà un senso, il primo mio consiglio è di smetterla di guardare i telegiornali e di farlo adesso! Anzi, non è un consiglio, è proprio un obbligo, pena torture fisiche e corporali!

Scherzo, ovviamente. Ma dobbiamo divertirci, giocare, per poter crescere insieme. Davvero, smettila di guardare i TG, e sai perché? Sono studiati per abbassarti le vibrazioni, per diminuire la tua energia e per allontanarti dalla vera conoscenza.

Facci caso: nei telegiornali riportano quasi sempre e solo notizie "tragiche", ed è come se fossero una lente di ingrandimento che inquadra solo una minuscola parte della realtà, quella che vogliono loro naturalmente. Dobbiamo allenarci a vivere nelle good vibes, vibrazioni positive.

Ti chiedo solo di credermi e fidarti di me. Prova da oggi a non guardare la televisione per due settimane e a non leggere nessun tipo di fonte di informazione ufficiale. Questo è un tempo sufficiente per disintossicarti.

Nota importante: Comprati un quaderno che avrà come titolo, sulla prima pagina, "Il maestro sei tu". Spesso dovrai annotare emozioni, pensieri, sensazioni. Trattalo con cura e amore e riponilo in un luogo protetto e con buona energia. Il tuo quaderno è sacro, parla di te. Dopo due settimane riguarda un telegiornale (fallo solo una volta, poi, se puoi, mai più, voglio che tu sia libero, non uno schiavo del sistema) e scrivi nel tuo quaderno quali sensazioni, emozioni o reazioni fisiche hai provato nel rivedere un telegiornale.

Non ti dico niente perché non voglio in alcun modo influenzarti, ma sono certa che proverai più o meno le stesse cose che provai io a suo tempo e capirai grazie alla pratica che eri davvero intossicato!

Chi sono io?
Tu chi sei? Con questa semplice domanda ti ho spiazzato, lo so. Ma abituati, perché ti capiterà spesso mentre leggerai il libro e sarà un ottimo segnale, vorrà dire che la tua crescita personale si sta attuando sul serio.

Forse sei un bambino Indaco evoluto in adulto Cristallo, o forse sei solo una persona comune, senza magia, senza particolari abilità, senza doni specifici. Ah ah, scherzo di nuovo! Devo svelarti un altro segreto, non resisto a non dirtelo: nessuno nasce senza doni, la magia è scienza allo stato puro ed è viva dentro di te, devi solo scoprirla o, è più corretto dire, ri-scoprirla.

Inoltre, voglio darti un'altra bella notizia. Anche se non sei un Indaco/Cristallo, le alte vibrazioni di queste meravigliose superdonne e superuomini stanno attivando anche te. L'unico rischio è che tu abbia paura e possa rifiutarti di crescere ma, se lo vorrai, potrai trasformati anche tu, pur non essendolo "dalla nascita", in una creatura dalla coscienza Cristica. Tutti nasciamo co-creatori in egual modo, che sia chiaro, dico solo che alcuni soggetti sono pionieri del futuro, tutto qui, e seguirli è una grande cosa.

Quante belle notizie, vero? Lo so che non ci sei abituato, ma alleniamoci da subito a vivere nell'incanto e nella meraviglia o, per meglio dire, nella verità scientifica. Ora prova, di getto, a rispondere alla domanda che ti ho posto poco sopra. Chi sei? Scrivi nel tuo quaderno, senza darti giudizi, tanto nel corso del libro rispondere a questa domanda farà un effetto diverso e sarà più in linea con ciò che sei davvero.

Ottimo, bravissimo, sono orgogliosa di te. Se hai risposto qualcosa tipo "Sono un avvocato", "Faccio l'infermiera", "Sono una donna", "Sono padre di tre figli", devo dirti che apprezzo moltissimo il tuo impegno, ma diciamo che, anche se il concetto di giusto e sbagliato è improprio, nessuna di queste risposte possiamo definirla "corretta".

Ti spiego. Solitamente ci definiamo tramite la nostra identità di genere (maschile o femminile) o per il ruolo lavorativo che ottemperiamo nella società o sulla base delle nostre gerarchie familiari. Ed è logico, ci hanno allenati a essere illogici, a disconoscerci!

Noi siamo molto più grandi del nostro genere, delle gerarchie di branco e del nostro lavoro! Noi siamo, tutti e nessuno escluso, autentici e potentissimi co-creatori! Noi, semplicemente, siamo.

Ben reincarnato su Madre Terra
«Il problema è risvegliare nell'individuo quel tanto di consapevolezza capace di generare in lui il desiderio di divenire libero, intelligente, autorealizzato e pienamente consapevole» (Osho Rajneesh).

Il cuore. La prima cosa che sceglierai di sentir pulsare una volta concepito. E il caso non esiste. Tutti noi abbiamo scelto di reincarnarci con una precisa missione da compiere, ma sapevamo che avremmo dovuto avere il coraggio di riscoprirla e, dato che avere coraggio significa avere cuore, non è un caso che il primo cervello che sviluppiamo sia proprio il cuore.

Sì, hai capito bene, un cervello. Il cuore lo è a tutti gli effetti; contiene quarantamila neuroni e possiede il campo elettromagnetico più potente di tutto il nostro corpo. Pensa che il suo campo elettrico è circa sessanta volte maggiore in ampiezza rispetto a quello del cervello encefalico e il suo campo magnetico circa cinquemila volte più potente rispetto a quello del cervello più noto ai più, la famosa mente che mente, cioè il cervello encefalico.

Ti rivelo un'altra cosa: il campo elettromagnetico del nostro cuore ha la stessa forma del toroide, il campo elettromagnetico del Sole e della Terra. Il cuore è, a tutti gli effetti, il Sole che abbiamo dentro, la nostra potentissima stella divina. Infatti è scientificamente dimostrato che, con la potenza del nostro cuore, noi diventiamo co-creatori in grado di plasmare la realtà e tutto ciò che ci circonda, così come è dimostrato che è il cuore a influenzare il cervello cerebrale e non viceversa.

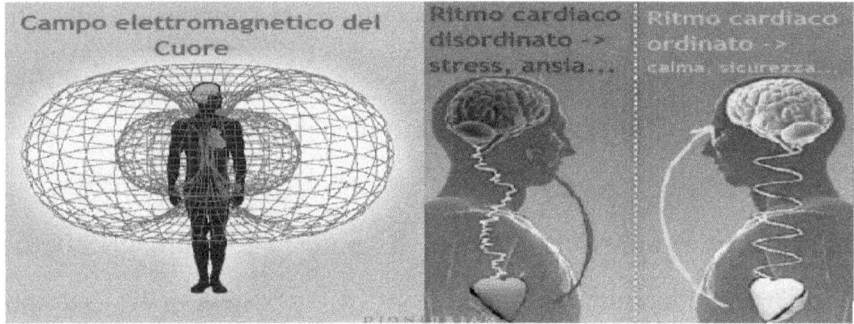

Attivando l'ottavo chakra (se credevi che fossero solo sette, sai che mi piace sorprenderti) situato in corrispondenza del Cuore Alto, al centro del nostro petto, ci attiviamo per connetterci con la Quinta Dimensione lungo la Sesta, e possiamo iniziare ad allenarci per diventare dei maghi alla Mago Merlino a tutti gli effetti.

Film come *Matrix* non sono paranormali, sono totalmente allineati con le leggi della fisica quantistica. La fantascienza è la scienza più pura e veritiera che esista.

La cerimonia di attivazione del Cuore Alto potrai farla, se lo vorrai, con noi in uno dei nostri illuminanti corsi. Per saperne di più, visita il nostro sito www.giuliamoratti.com in cui, tra le altre cose, troverai anche il calendario eventi. Non sto facendo banale marketing in questo momento, ti sto invitando a risvegliarti, mi stai a cuore, questa è la mia mission. Tranquillo, se questi ti sembrano i deliri di una pazza, sei solo ancora molto inconsapevole e io sono qui per te, per crescere insieme.

Se invece già comprendi e ti comporti da co-creatore quale scientificamente sei, be', ancora meglio, anche perché ho così la certezza che non proverai a farmi internare da qualche parte. Sai che mi piace scherzare, giocare, prendermi e prenderci in giro, senza questo spirito ormai saremmo antichi e spenti a livello vibrazionale. Quindi mi permetto di creare questo clima di divertimento con te, fratello.

Tornando a noi, non temere nulla, stai felice, più avanti nel libro ti spiegherò cosa intendo quando dico che sarai "in grado di piegare la Quinta Dimensione lungo la Sesta", e quindi riscoprire tutto il tuo potenziale che fino a oggi hai erroneamente creduto essere "inesistente" o "impossibile".

Potrai raggiungere i tuoi obiettivi e vivere una vita felice, godendo di essa in ogni momento e questo è il primo scopo di questo libro. Ti guiderò passo dopo passo e, alla fine di ogni capitolo, ci sarà la parte pratica di allenamento.

Cosa significa per te essere felice? Questo è un concetto molto importante, da chiarire subito. Scrivi adesso nel tuo quaderno cos'è per te la felicità. Qualsiasi sia la tua risposta, va benissimo, è sacra. Ma, dato che dobbiamo allinearci, armonizzarci e connetterci, ti dico che la felicità per noi dovrà diventare "un naturale stato di coscienza".

Il nostro principale scopo è quello di ritornare all'origine, a quella condizione naturale che prova un bambino naturalmente connesso. Quando siamo bambini ci sentiamo sempre felici, stiamo cioè in un piano vibrazionale ed energetico molto alto. Siamo grandissimi scienziati, crediamo che tutto sia possibile e lo è per davvero!

Poi la società, volutamente e non, gradatamente ci spegne, e al massimo possiamo ambire a essere contenti, ma una persona contenta è terribilmente e sempre contenuta, e non è certo questo che vogliamo per noi. La felicità è una condizione possibile e noi la ritroveremo naturalmente, questo significa risvegliarci, riscoprire chi siamo veramente.

Tornando all'origine, che ti piaccia o no, ti sei scelto una precisa missione prima di reincarnarti sulla Terra e la tua anima è immortale. Ma quanto adoro sorprenderti, quanto mi rende felice.

«L'immortalità dell'anima è una cosa che ci riguarda in modo così forte, e ci tocca così in profondità, che bisogna aver perso ogni sensibilità perché ci sia indifferente sapere come stanno le cose» (Blaise Pascal).

Con la morte fisica, le informazioni quantistiche che formano l'anima non vengono distrutte, ma lasciano il sistema nervoso per essere riconsegnate all'Universo. La Teoria Quantistica della Coscienza dimostra che le nostre anime sono inserite all'interno di microstrutture, chiamate microtubuli, contenute all'interno delle nostre cellule cerebrali (i famosi neuroni).

L'anima è composta da prodotti chimici quantistici che, nel

momento della morte, fuggono dal sistema nervoso ed entrano nell'Universo. L'anima è parte integrante dell'Uno, ed esiste al di fuori del tempo e dello spazio.

Qualsiasi cosa tu voglia raccontarti, questa è scienza e l'assoluta verità. Non mi dilungherò troppo su questo, l'importante è avere la tua fiducia e che tu abbia compreso ciò che ho appena detto. Ora ti risuona di più il fatto di essere un co-creatore?

Ma io e te proviamo le stesse cose?
Ti è mai capitato, in particolare all'interno di una relazione di coppia, di provare le stesse cose che l'altra persona sta provando nonostante si trovi magari in un'altra città o persino dall'altra parte del mondo? Vi chiamate e scoprite di stare pensando/vivendo/sentendo la stessa identica cosa! Può essere il tuo partner, un amico, un fratello, un genitore, così come una persona che conosci da una "sola settimana" (sì, va be', ti faccio credere sia una sola settimana, in verità chissà da quanti secoli la tua anima la conosce!).

Deve esserti successo, almeno una volta. Scrivi nel tuo quaderno quando, con chi, e le emozioni/sensazioni/stati d'animo che hai provato in contemporanea a quella persona. Qualsiasi sia la tua risposta, bravissimo. Questa è la prova schiacciante di due cose: che certe persone (anime) le conosciamo da sempre e che siamo tutti collegati, siamo tutti Uno, e anche questo la fisica quantistica lo dimostra molto bene.

Due fiamme (intese come anime), così come due particelle, dopo aver interagito tra loro continuano a influenzarsi reciprocamente, anche se poste a chilometri e chilometri di distanza. Questo fenomeno in fisica quantistica si chiama *entanglement*.

E ti dirò di più, le due fiamme che hanno interagito tra di loro (detto in altri termini, che si amano) non solo si influenzano reciprocamente, ma la loro "potenza" plasma e trasforma anche tutto ciò che le circonda, a riprova scientifica di come siamo tutti connessi, tutti Uno, di come la magia nasca nell'amore, ovvero nel cuore, e di come tutto in quel momento diventi reale e possibile.

«In nome dell'amore, l'impossibile non esiste» (Giulia Moratti).

Ogni reincarnazione ha lo scopo di ripulire il nostro karma e non esiste il giusto o lo sbagliato (quello è solo un prodotto mentale), ma solo prove superate o da ripetere. Il risveglio della coscienza Cristica, uno degli obiettivi di questo libro, ci permette di superare le nostre prove con più facilità, ma soprattutto con più felicità.

Ci tengo a sottolinearti una cosa molto importante: non credo nei coach che parlano di qualcosa senza averne avuto esperienza diretta. Mi ricordo perfettamente le mie vite passate e ho avuto riprove certe e matematiche in questa vita della veridicità dei miei ricordi.

Quando parlo di "vite passate", non le intendo come una linea retta (passato-presente-futuro), in quanto questo è un inganno della mente. Il tempo è verticale, ciclico, si manifesta tutto nel qui e ora. Utilizzo il termine "vite passate" solo per praticità di linguaggio. Questa è solo un'anticipazione, ma ci tenevo a dirtelo ora.

Ma cos'è il karma esattamente? Dai coach, dimmelo!
«Il karma non è una punizione o una ricompensa, ma una naturale conseguenza delle scelte di vita fatte consapevolmente o

inconsapevolmente. Qualunque sofferenza, o piacere, che l'anima potrebbe sperimentare in questa vita è causata da scelte che ha fatto in passato» (Herman Kuhn).

Karma deriva dalla parola sanscrita *Karman* e significa azione. Ma, guarda caso che il caso non esiste, significa proprio l'atto di agire. Togliti dalla mente, la quale mente, che il karma sia un concetto legato alla punizione o al "giusto e sbagliato." Il karma è una semplice e meravigliosa legge dell'Universo di causa-effetto. Ha uno scopo solo esperienziale, cioè di farci evolvere nella nostra coscienza, per ri-tornare alla nostra pura essenza oltre gli inganni della mente.

Il karma agisce principalmente tramite la legge medievale del contrappasso: se ti tiro uno schiaffo, prima o poi mi verrà ridato, e non necessariamente in questa reincarnazione, proprio perché il karma non è una punizione, ma solo esperienza per tornare a essere pura coscienza integrata. Solo nel momento in cui ricevo a mia volta lo schiaffo posso prendere consapevolezza del dolore che crea ed evolvere nel mio essere.

Il libero arbitrio ci permette di apprendere la lezione o di non apprenderla, ma la buona notizia è che abbiamo sempre il potenziale per imparare e agire in modo funzionale. Noi creiamo karma con le azioni, con le parole e soprattutto con i pensieri, in quanto anche il pensiero è un'azione.

Le tre Leggi della Creazione sono:
1. Il pensiero crea. Tutto ciò che esiste è stato prima pensato.
2. Il simile attira il suo simile, in quanto tutto è energia.
3. Come in alto così in basso. Tutto funziona allo stesso modo, nel piano terreno così come in quello astrale. Tutto è Uno.

Ecco perché pulire il nostro karma significa lavorare contemporaneamente sulle nostre azioni, sulle nostre parole e sui nostri pensieri in modo da renderli funzionali. Ovviamente in questo viaggio insieme faremo una piccola ma importante fetta di lavoro.

A ogni pensiero è associata un'emozione e anche l'emozione è pura energia. Dobbiamo immaginare l'emozione come se fosse una sfera che cresce e che, per la legge di risonanza, quando avrà raggiunto un determinato campo elettromagnetico si manifesterà. Quindi, se ad esempio l'emozione è la paura riguardo qualcosa o qualcuno, prima o poi si proietterà all'esterno, in quanto è proprio quella la lezione che devo apprendere e superare. Questo è il modo sottile in cui funziona il karma.

Ecco perché uno dei nostri obiettivi è depotenziare la mente, in quanto il velo di Maya ci fa identificare con i nostri pensieri e questo è alienante e crea inevitabilmente paura, quindi ci porta a vivere esperienze e attirare persone "a bassa energia".

Solo de-strutturando l'inconscio e strutturando il nostro Sé superiore possiamo scegliere e non essere più schiavi dei nostri schemi mentali. Questo possiamo farlo solo potenziando il cuore e risvegliando l'anima.

Per modificare il karma dobbiamo continuare nel nostro percorso di crescita personale e concentrarci sulle azioni funzionali chiamate dharmiche, trascendendo quelle adharmiche, cioè quelle che sono ormai disfunzionali.

Servi il prossimo e stai servendo te stesso. Questa è la prima regola per pulire il tuo karma. Ricorda, la separazione non esiste. Tutto è Uno. La tua anima lo sa.

La storia è racchiusa nei registri akashici
«Se si vuole trovare i segreti dell'Universo, bisogna pensare in termini di energia, frequenza e vibrazioni» (Nikola Tesla).

Lo sapevi che esiste una biblioteca fatta di pura energia contenente tutte le informazioni sulla nostra vita e sulla vera storia dell'Universo, che non è di certo la storia che ci raccontano nei libri? Ebbene sì, esiste. Sono i registri akashici, l'amorevole modo che l'Universo utilizza per conservare tutte le informazioni.

Il termine akashico deriva dalla parola sanscrita *akasa*, che significa cielo o etere, e rimanda all'infinita estensione della coscienza vibrante rappresentata dalla nostra verità, sia personale che condivisa. Nei registri akashici si trova ogni vibrazione energetica di pensiero, emozione e informazione, comprese quelle personali, che derivano dalla nostra storia eterna. Le esperienze delle vite passate, i rapporti intessuti e le conclusioni raggiunte, tutto ciò che ci ha portati alla nostra identità attuale è presente nei registri.

Inoltre, essi possono rivelare il nostro potenziale futuro e le possibilità vibranti che attendono di essere compiute o modificate in base alla nostra energia e al nostro orientamento attuale. Imparerai a consultare i registri akashici semplicemente quando sarai pronto. Abbi fede e profonda gratitudine. Ricorda: l'Universo è preciso anche nei tempi, oltre che essere una bomba d'amore.

Adesso, il senso delle nostre origini e di chi siamo dovrebbe esserti decisamente più chiaro e questo è un ottimo inizio. Non mi dilungo volutamente in questo capitolo, tanto a molte delle tue domande risponderemo nei successivi.

Ora passiamo all'ultima parte, quella sugli esercizi pratici, prima di passare al secondo capitolo. Ah, prima di proseguire, grazie fratello. Grazie con tutto il mio cuore.

Esercizi pratici
Questa parte sugli esercizi pratici è molto importante e la troverai

alla fine di ogni capitolo, in quanto la crescita personale o, meglio ancora, l'evoluzione della coscienza va allenata costantemente e più che di AllenaMente parleremo di AllenaCuore, in assoluto il nostro cervello più potente e determinante sul piano vibrazionale.

Ovviamente qui ti fornirò solo qualche strumento che dovrai necessariamente implementare, o meglio, vorrai implementare, in quanto evolvere interiormente sarà un gioco talmente bello ed entusiasmante che non vorrai più fermarti. Potrei scommetterci il cuore! Bene, alla grande, iniziamo.

Il mio cuore è adesso
Questo è un ottimo esercizio di autoconoscenza e di crescita vibrazionale. Alla fine di ogni capitolo troverai un esercizio che, al tempo stesso, depotenzia la tua mente e ti attiva un chakra, in questo caso il primo. È una pratica inventata dalla sottoscritta, un'illuminazione. Depotenziare la mente mentre si attiva un chakra.

Pratica questo esercizio ogni volta che ti ritrovi a essere nella mente che mente o quando semplicemente hai voglia di ritrovare te stesso.

Ogni volta che soffri, o entri in uno stato confusionale, o ti proietti in un futuro che non esiste, tra l'altro a scenario negativo, ti posso giurare che sei nella mente. Ogni volta che ti fermi in un progetto, o in un sogno in cui hai sempre creduto, o permetti a una persona esterna di condizionarti, ti posso giurare che sei nella mente. Ogni volta che tradisci te stesso, la tua natura felice e bambina naturalmente connessa, sei PuraMente.

Alleniamo la capacità straordinaria del nostro cuore di essere qui e ora. Prenditi cinque minuti solo per te. Ovunque tu sia, va benissimo. L'importante è che tu sia a piedi scalzi, per sentire il tuo profondo radicamento con Madre Terra e attivare il primo chakra.

In questo libro ci sono sette capitoli, come i nostri chakra principali, e alla fine di ogni capitolo ne attiveremo uno. Quando ho scelto, o meglio "sentito", di volere scrivere *Il maestro sei tu*, ho buttato giù "di getto" (detto nei giusti termini, seguendo il cuore) sette capitoli senza rendermene conto.

Solo dopo averli contati mi sono resa conto che erano sette e un'illuminazione (la voce del cuore) mi ha detto: «Sono sette, come i chakra. A ogni capitolo, conduci il tuo lettore ad attivarne uno mentre depotenzi la sua mente». Detto fatto, mai opporsi alla voce del cuore!

Questo esempio te lo riporto perché è importante che tu capisca quanto sia essenziale imparare ad ascoltare "quella voce che non mente mai" e che ti dà, al tempo stesso, radici forti e ali per volare.

Nel caso tu non lo sappia, ti specifico cosa sono i chakra. Sono i principali centri di energia presenti nel corpo umano che presiedono alle funzioni organiche, psichiche ed emotive dell'individuo.

Quando l'energia di un chakra è attiva, anche la ghiandola endocrina corrispondente e gli organi a essa associati riescono a svolgere al meglio le loro funzioni vitali. Mettere in equilibrio i nostri chakra significa centrarci e lasciar fluire al meglio la nostra energia.

Muladhara. Questo è il nome del primo chakra, legato agli organi genitali. È il centro energetico del nostro corpo che rappresenta il radicamento; coltiva l'abbondanza come la forza interiore ed è qui che si genera l'impulso sessuale. Attivarlo significa ritrovare profonda fiducia e calma e sentirci degni dell'abbondanza, di sentimenti così come economica. Metterlo in equilibrio ci porta ad attrarre la prosperità in modo naturale.

Torniamo adesso al nostro esercizio. Devi svolgerlo in piedi e scalzo, con i palmi delle mani rivolti verso il cielo, come se fossi in preghiera. Fondamentale è avere i piedi nudi per permettere all'energia pulsante di Eywa di fondersi con la tua. L'ideale sarebbe fare questo esercizio su una spiaggia o in un bosco, ma anche a casa tua va benissimo.

Se ti aiuta a connetterti, puoi mettere una musica rilassante di sottofondo. Fai tre respiri profondi, diaframmatici, e poi inizia a ripetere il mantra che di seguito ti scriverò, sempre tenendo i palmi delle mani rivolti al cielo. Puoi leggerlo oppure ascoltarlo sul sito www.giuliamoratti.com e lasciarti guidare dalla mia voce.

Questo è un momento sacro, solo tuo, tutto per te. Onoralo e onorati.

Fidati di te stesso e delle tue meravigliose sensazioni. Lasciati andare completamente e visualizza questo che leggi o ascolti. Ora sei pronto a depotenziare la mente e ad attivare il primo chakra. Una volta finito di recitare il mantra, resta in ascolto di te stesso per qualche minuto.

Ecco il mantra. Ripetilo ad alta voce:
Eccomi qui, Madre Terra.

Sono qui per te, in te, fuso con te.

Io ti ringrazio, Eywa, Madre, per il grande dono della vita.

Ti sono profondamente e immensamente grato.

Mi sento felice come un bambino per essere qui ora, unito a te, con te, in te.

Il fascio di luce rossa che connette i miei piedi al tuo cuore di Madre Pulsante, alle tue radici, mi permettere di essere saldo e centrato, mentre i battiti dei nostri cuori che si fondono mi danno ali per volare.

Sento le radici sotto i miei piedi fondersi con le tue e ti ringrazio, ti ringrazio, ti ringrazio con tutto il mio cuore.

Un fascio di luce rossa scende dalla mia testa fino ai piedi, per formare radici sempre più salde nel terreno. Sempre più salde.

Sono così grato, e così felice.

Qui e ora, fuso con te, tutto è perfetto così com'è.

Ritrovo il legame sacro e puro con i miei antenati e con me stesso.

Tutto è sacro. Tutto è sacro.

E, mentre mi radico, ti dico ancora grazie, grazie, grazie infinitamente.

Sono stabile e connesso. Profondamente grato.

Nell'attimo di qui e ora, il volere di Eywa si fonde con il mio.

Armonia. Armonia. Armonia. Fiducia fiducia fiducia. Amore amore amore.

Grazie. Grazie. Grazie.

Prova di coraggio

Ebbene sì. Sappi che alla fine di ogni capitolo ci sarà una prova di coraggio e non potrai proseguire fino a quando non l'avrai completata. Ogni prova sarà finalizzata principalmente ad attivare un chakra, ma non solo. La tua crescita personale è il nostro obiettivo principale. In questo momento lavoriamo principalmente sul primo chakra, quello che ci radica riconnettendoci alle nostre sacre origini, quelle dei nostri parenti e antenati.

Mi fido di te, so che non andrai avanti fino a quando non avrai vinto questa sfida con te stesso. Non c'è fretta. Puoi metterci una settimana a leggere il libro come tre mesi, va benissimo in ogni caso. L'importante è che tu alla fine sia cresciuto sul piano vibrazionale e di coscienza.

Questa prima prova è rapida e veloce, ma non per tutti sarà semplice. Dovrai vincere la tua paura del giudizio (depotenziando la mente) mentre attiverai il primo chakra (radicandoti in Madre Terra). Ottimo, sei pronto.

Dovrai camminare senza scarpe in un luogo pubblico e frequentato (io una volta l'ho fatto in un supermercato e mi sono divertita da pazzi!). Ci devono essere persone che ti vedono, anche in mezzo alla strada è perfetto. E, mentre lo fai, devi divertirti ed essere grato. Devi viverlo come un gioco a tutti gli effetti. Se vuoi, portati le scarpe in uno zaino, ma non vale barare e camminare scalzo solo due minuti.

Devi compiere un'azione pubblica mentre sei scalzo, tipo fare la spesa o entrare in un bar. Solo dopo aver fatto questo, con molta calma e gratitudine, puoi rimetterti le scarpe e ritenere la prova grandemente superata.

Bravo, sono davvero orgogliosa di te. Ora puoi passare al secondo capitolo.

RIEPILOGO DEL CAPITOLO 1:

- SEGRETO n. 1: Noi non siamo esseri umani che vivono un'esperienza spirituale. Noi siamo esseri divini che vivono un'esperienza terrena. Questa consapevolezza ci permette di tornare a noi stessi e di parlare per davvero di autentica crescita personale.
- SEGRETO n. 2: La religione ha volutamente distorto la spiritualità facendoci credere al peccato originale, riportandoci nell'inganno della mente per farci vivere una vita nella paura e sottomessi.
- SEGRETO n. 3: Le regole dell'Universo sono semplici e, appunto, universali. Non siamo "creature oscure e complicate" come hanno voluto farci credere per anni.
- SEGRETO n. 4: Tutto è energia e questo è ormai scientificamente dimostrato. I cinque sensi e l'inerzia, se restiamo nella mente, ci ingannano facendoci credere alla materia in quanto tale. Ma tutto, proprio tutto, è solo pura vibrazione ed energia. L'anima è reale, la materia è illusione.
- SEGRETO n. 5: Il mondo è stato a lungo nelle mani di un potere avido e oscuro. È tempo di liberarci dalle nostre catene.

Capitolo 2:
Come dare una svolta alla tua vita

«Vivere significa dover morire parecchie volte. Questa è libertà».
Giulia Moratti

Ero piegata in due dal dolore. La mia anima gridava. Ogni particella del mio essere vibrava di un qualcosa che sembrava la fine. Tutto ciò che amavo, in un attimo, appariva svanito. Ti è mai successo di sentirti così? Ti risuona leggere queste mie parole? Spero proprio di sì.

Forse ti starai dicendo: ma questa è matta, mi augura il dolore! O forse comprenderai all'istante il mio messaggio, dipende solo dal tuo grado di evoluzione. In ogni caso, ti guiderò con tutto il mio cuore.

Ebbene sì, ti auguro che il dolore ti abbia pervaso talmente tanto, e in un solo istante, da non credere più in tutto quello in cui avevi creduto fino a un secondo prima. Non ti auguro nulla che sia stato tremendo o irrisolvibile, anche perché in fondo nulla è irrisolvibile, ma di certo ti auguro di aver provato un dolore profondo, intenso, vero, quel tipo di dolore che arriva fino alle viscere.

Se hai vissuto quello che ti sto descrivendo, scrivilo nel tuo quaderno e rivivi le stesse sensazioni che hai provato, utilizzando tutti i cinque sensi. Imprimerlo ti servirà a onorarlo e lasciarlo andare.

Alla fine, qualsiasi cosa tu abbia scritto, aggiungi: «Grazie dolore, sei stato il mio maestro. Grazie con tutto il mio cuore. Adesso io mi riprendo tutta la mia forza e la mia energia». E, mentre lo scrivi, ripeti queste parole anche ad alta voce, associando a esse un'autentica emozione di amore e gratitudine.

Bravissimo. Il tuo è stato un atto di coraggio. Sì, perché solo chi ha coraggio (avere coraggio significa avere cuore) può avere la forza di rendere il suo dolore un alleato, l'elemento della svolta. La maggior parte delle persone, i "codici", per dirla alla Matrix, non si permette di sprofondare "nella fine di tutto", bensì sceglie, spesso inconsapevolmente, la mediocrità. *Meglio non amare troppo, per non soffrire troppo.* Ecco la frase preferita da chi sceglie di vivere da mediocre. E tu, cosa hai scelto di essere fino a oggi? Ma, soprattutto, cosa scegli di essere adesso?

Vuoi restare bruco o diventare farfalla?
«Nascere non basta. È per rinascere che siamo nati. Ogni giorno» (Pablo Neruda).

Il risveglio. La rinascita. La nuova consapevolezza. Possiamo dare il nome che vogliamo a questo processo, del resto le etichette sono relative, possiamo studiarlo, possiamo approfondirlo, ma l'unica cosa che conta è viverlo. In prima persona, con tutti i nostri cinque sensi, fino alle viscere. Nessuno può farlo al posto nostro e non esiste un modo standard per far sì che avvenga.

Si chiama "elevazione della coscienza", un processo che può partire solo in noi, da noi, con noi. E ci vuole un grande impatto per poter partire in questo processo. Non importa la natura di questo "impatto", purché sia come un uragano che spazza via tutto quello che siamo stati prima di esso. Può essere un tradimento improvviso da parte di chi non ci saremmo mai aspettati, la fine di un amore che credevamo eterno, un licenziamento, un'improvvisa illuminazione, insomma, qualsiasi episodio (voluto dall'Universo, ricorda che il caso non esiste) che ci devasta come un uragano e ci costringe a rinascere a nuova vita.

Se queste mie parole ti risuonano, benissimo. In caso contrario, be', smetti pure di leggere il libro, tanto sei un caso senza speranza. Ah ah, scherzetto! Sai che mi diverto a fare la burlona ogni tanto. Dobbiamo giocare per evolvere. Se non lo hai vissuto, semplicemente non è ancora arrivato il tuo tempo. Arriverà anche per te. È una legge dell'Universo, una sacra legge dell'Universo.

Magari anche leggere questo libro potrà essere l'inizio di quel percorso che ti porterà all'impatto, quel momento in cui tutto cambierà. L'Universo è una bomba d'amore, l'Universo vuole donarti tutto, ma prima ti chiede solo un atto di coraggio, di uscire dalla tua zona di comfort, di togliere ogni maschera e, per poterlo fare, devi sprofondare in te stesso tramite il dolore, un dolore che diventerà la tua più grande forza e verità. Il dolore è il tributo che devi pagare, ma in cambio riceverai come dono la vita, quella vera.

Ora è tempo di ritorno
«È privilegio di pochi fortunati la consapevolezza di aver vissuto con la propria anima vite precedenti e di doverne affrontare altre in futuro» (Marco Chierici).

Un giorno, mai qualunque, scegliamo di reincarnaci. Come prima cosa, in fase di concepimento, si forma il cuore, il nostro primo cervello, quello più importante e potente a livello energetico; quello che, più di tutti, soprattutto in quest'epoca, dovremo allenare costantemente.

Poi veniamo al mondo, questo strano mondo, emettendo il nostro primo grido, un pianto pieno di gioia e dolore al tempo stesso. Quella sarà solo la prima volta che rinascerai perché, nel caso in cui fosse l'unica, saresti un mediocre su questa dimensione terrena, nella Terza Dimensione, e non potrei mai augurarti questo.

Non importa quanto comprendi queste mie parole adesso. Può essere che tu le comprenda alla perfezione o per nulla. Non ha importanza. La vita è un viaggio, come questo libro. Potrai leggerlo e rileggerlo mille volte e ogni volta comprendere una cosa in più, o magari te ne basterà una per assimilare tutto quello che ti serve. Dipende solo da quale punto sei della tua evoluzione. In ogni caso, tieni gli occhi e il cuore aperti e vedrai che insieme sarà un viaggio entusiasmante e di grande evoluzione.

Vivere significa morire parecchie volte. Questa è libertà. Nel tuo quaderno scrivi e intrepreta il significato di questa mia frase. Ti consiglio di scrivere a matita perché, con buone probabilità, cancellerai e modificherai molte volte, nel corso del viaggio, la tua interpretazione.

Ti riporto ora un pensiero di Alejandro Jodorowsky, in quanto lo ritengo di una chiarezza e di una profondità estreme. Una riflessione utilissima per proseguire nel nostro viaggio.

Mi piace sviluppare la mia coscienza per capire perché sono vivo, cos'è il mio corpo e cosa devo fare per cooperare con i disegni dell'Universo. Non mi piace la gente che accumula informazioni inutili e si crea false forme di condotta, plagiata da personalità importanti.

Mi piace rispettare gli altri, non per via delle deviazioni narcisistiche della loro personalità, ma per come si sono evolute interiormente.

Non mi piace la gente la cui mente non sa riposare in silenzio, il cui cuore critica gli altri senza sosta, la cui sessualità vive insoddisfatta, il cui corpo si intossica senza saper apprezzare di essere vivo.

Ogni secondo di vita è un regalo sublime. Mi piace invecchiare perché il tempo dissolve il superfluo e conserva l'essenziale.

Non mi piace la gente che per retaggi infantili trasforma le bugie in superstizioni. Non mi piace che ci sia un papa che predica senza condividere la sua anima con una papessa. Non mi piace che la religione sia in mani di uomini che disprezzano le donne.

Mi piace collaborare e non competere. Mi piace scoprire in ogni essere quella gioia eterna che potremmo chiamare Dio interiore.

Non mi piace l'arte che serve solo a celebrare il suo esecutore. Mi piace l'arte che serve per guarire. Non mi piacciono le persone troppo stupide.

Mi piace tutto ciò che provoca il riso. Mi piace affrontare, volontariamente, la mia sofferenza, con l'obiettivo di espandere la mia coscienza.

Come si suol dire, è un pensiero stupendo, vero? Stupendo e vero. A noi interessa l'ultima frase in particolare (per il resto il senso che vuole trasmetterci Alejandro è chiarissimo): «Mi piace affrontare, volontariamente, la mia sofferenza, con l'obiettivo di espandere la mia coscienza».

Voglio chiarirti una cosa molto bene. Non sono una sostenitrice né del peccato originale (grande menzogna), né del vivere nel dolore, anzi, sono l'esatto contrario. La felicità è il nostro stato naturale di coscienza e il primo obiettivo di questo libro è proprio quello di condurti verso il tuo essere un bambino felice.

Dico solo che, se non impari a sprofondare nella sofferenza quando si presenta e a trasformarla, non potrai espandere la tua coscienza e adempiere alla tua mission, cioè al motivo per cui hai scelto di reincarnarti sulla Terra.

Ti voglio riportare un pensiero profondo che ho letto qualche giorno fa e che ritengo molto illuminante per tutti noi.

Solo i portatori di luce possono entrare nei luoghi più oscuri. Quando sei risvegliato, sei in grado di rimanere liberamente immerso in sofferenze che adesso non puoi nemmeno immaginare.

La sofferenza è una finestra, una via di accesso al tuo essere. Quando la sofferenza squarcia la tua coscienza e tu la lasci entrare comunque, ogni squarcio, ogni ferita che lei provoca viene realizzata, trasformata in consapevolezza.

Il dolore è uno strumento di risveglio. Il dolore può penetrare dentro di te, anche lì dove tu non sei mai stato. Se riesci ad accettare con tutto il cuore l'oscurità, è allora che sopravviene la luce, è da qui che viene. La luce non arriva da uno spazio di non-accettazione, ma solo da una profonda resa.

Più accogli il buio, incondizionatamente, più luce vi sarà. Più luce vorrai, più buio ci sarà dentro di te.

Se nella tua vita ti limiti a essere contento (essere contento significa essere contenuto), non proverai mai picchi di felicità, ma nemmeno picchi di dolore, e questo è un mero sopravvivere. Io voglio saperti vivo, pienamente in te stesso e con te stesso.

Abbi il coraggio di affrontare il dolore quando l'Universo deciderà di presentartelo, stringi la sua mano e vivilo, la ricompensa sarà immensa. Il premio sarà la vita, quella vera. E la felicità diventerà il tuo naturale stato di coscienza.

Se resti contento, resti nell'ego, cioè in una falsa e infelice personalità. Devi essere un bambino, colui che vive costantemente e naturalmente nella verità di se stesso. Questo è l'elemento di svolta per trasformarti da bruco in farfalla. A fine capitolo ti guiderò con degli esercizi pratici in questo processo.

Come mai sono tornato qui?
«Noi entriamo in questa vita con l'esperienza di un'altra vita, e la

fortuna o la sfortuna di quest'esistenza sono il risultato delle nostre azioni in un'esistenza precedente» (Swami Vivekananda).

Un'illuminazione. Un'intuizione. Un sogno. Può tornare in mille modi il ricordo delle nostre vite precedenti o di una di esse. A me è successo così. Un ricordo. Alle tre di notte. Ormai diversi anni fa. Ma non lo capii subito, credevo fosse solo una fantasia più accesa delle altre. Invece no, era il ricordo di una mia "vita passata", di un karma che avrei dovuto sciogliere e risolvere in questa vita.

Non voglio essere la protagonista di questo libro, non lo sono, fratello, e alla fine di questo viaggio il perché ti sarà chiarissimo. Ma adesso credo che raccontarti la mia esperienza ti sarà utilissimo, e quindi voglio farti questo dono, con tutto il mio cuore.

Devo farti una premessa fondamentale. Non ho mai avuto preclusioni né preconcetti nella mia vita, sono sempre stata molto aperta e libera. Non credo né seguo nessuna religione, a mio parere è solo un modo per distogliere dalla vera spiritualità.

Sono sempre giunta alle mie conclusioni sulla base della logica e dell'esperienza, senza lasciarmi indottrinare da niente e nessuno. Non mi interessa credere in una cosa o in un'altra. Sono nata Indaco, evoluta in Cristallo, quindi ho semplicemente seguito la mia mission.

Questo è importante affinché tu capisca che quello che ti dirò è frutto dell'intuizione del cuore (e non solo, ma adesso non è importante spiegartelo) e nasce dalla pura esperienza.

Avevo ventitré anni. Mi svegliai all'improvviso di notte ed ebbi una visione. Il ricordo di una donna vissuta nell'antica Roma. Provai immediatamente una forte emozione, decisamente viscerale. Mi tornarono in mente tutte le sue vicissitudini, soprattutto l'amore che lei provò nella sua vita, inteso in tutte le sue forme. Ricordo che al mattino corsi da mia madre e le dissi: «Sento che devo scrivere. Scriverò un romanzo d'amore sull'antica Roma! Conosco già tutta la storia!»

L'Universo quella notte mi indicò la via, ci misi solo qualche anno a comprenderla. La mia coscienza non era ancora abbastanza evoluta, quindi non ero pronta in quel momento a comprendere che avrei dovuto ritrovare delle persone che avevo incontrato nella mia vita nell'antica Roma e divertirmi a giocare in quello che la fisica quantistica definisce il campo di infinite possibilità per plasmare il mio "destino".

Mi siete mancati, tanto!
Dovevo ritrovare le persone che avevo amato tanto (per rispetto loro resto molto vaga, mi interessa solo tu capisca il concetto) e dovevo risolvere con loro alcune questioni karmiche. È stato bellissimo parlare con loro dopo essere evoluta nella mia coscienza, dopo averle ri-trovate nel vero senso della parola.

Ci ho messo un secondo a riconoscerle anche in questa vita, mi è bastato guardarle negli occhi. Del resto le conoscevo da sempre. E, infatti, le ho amate da subito. Puoi immaginare la tenerezza con cui le guardavo e con cui le guarderò ogni volta che, se l'Universo vorrà, potrò riguardarle ancora. Dovevo, in questa vita, "pulire il mio karma" e, grazie a una grande evoluzione della coscienza, credo di esserci riuscita, ma saranno un giorno i Signori del Karma a darmi il responso.

Non esiste il giusto o lo sbagliato, o meglio, esiste solo nella Terza Dimensione, nella pura materia (tranquillo, nel quarto capitolo ti spiegherò tutto a riguardo), ma esistono delle prove da superare per tutti noi in questa vita e ognuno ha la sue.

Sono giunta alla conclusione che ci reincarniamo per due motivi:
1. Per superare delle prove che ancora non abbiamo risolto.
2. Per Eros.

Ebbene sì, ecco la più grande verità dell'Universo, l'essenza intorno alla quale tutto ruota. Si chiama Eros.

Per Eros, con Eros, in Eros
Eros è una divinità greca bambina di, guarda caso che il caso non esiste, soli tre anni. È il dio più potente, in virtù del suo essere bambino. La divinità dell'amore, inteso nella sua espressione più alta, chiamato Eros. Colui che dal caos, dal nulla, crea il Tutto. Questo è Eros. Il dio più potente, soprattutto in termini di forza creatrice.

Deve essere un bambino per forza, se fosse adulto rischierebbe di avere delle maschere, dei condizionamenti o, ancora peggio, di avere strutturato un falso Sé. Ora capisci perché ti dico che devi riscoprire il tuo bambino interiore? Che devi restare un adulto-bambino per tutta la vita? E attenzione, non adolescente, bensì bambino.

I famosi e cosiddetti "Peter Pan" che oggi vediamo in giro guai a chiamarli bambini, sarebbe offensivo. Sono semplicemente adolescenti, cioè non sono né carne né pesce, sono rimasti fuori dal tempo, persino dal loro.

Un conto è essere adolescente dai 12 ai 18 anni (età biologica giusta) ma esserlo per tutta la vita diventa patologico; questi soggetti sono inclini a strutturare delle personalità totalmente disfunzionali e a indossare maschere che li conducono nel buio di loro stessi.

Tu devi restare bambino, un adulto-bambino, con quello spirito libero, giocherellone e creativo che avevi esattamente a tre anni. Eri puro Eros, poi una società spesso volutamente castrante ti ha inibito, o forse non ci è riuscita? Se ci è riuscita fino a adesso, se lo vorrai già da oggi potrai ribaltare lo schema. Sei tu l'unico liberante padrone della tua vita. E io ti guiderò in questo.

Tornando a Eros, be' per esperienza personale, ma anche indiretta, ho compreso che è il motivo per cui la nostra anima sceglie di reincarnarsi. A oggi, ho tutte le prove necessarie. Ne sono certa.

In nome dell'amore!
«L'amore è l'unica e l'ultima risposta» (Albert Einstein). Quanta ragione aveva, Einstein. L'amore, meglio chiamarlo Eros, è proprio questo. L'unica e l'ultima risposta. Nulla può essere creato se non per Eros, con Eros, in Eros.

Lui è la forza creatrice, il Tutto. Tutte le imprese, piccole o grandi che siano, anche quando non è evidente, nascono da Eros, o dalla perdita di Eros, in ogni caso portano sempre la sua essenza e la sua firma.

Per arrivare a conoscerlo o, ancora meglio, a riconoscerlo, dobbiamo aver vinto gli schemi di una società che ci ha, volutamente e non, alienati da noi stessi. Eros lo riconosciamo al primo sguardo, ovunque si manifesti. Lo troviamo negli occhi di un partner, nelle parole di un'amica, in un sogno al quale non possiamo sottrarci (e guai a farlo, ho visto persone del mio team, per sola paura, abbandonare il progetto e ho dovuto assistere allo spegnersi della luce nei loro occhi).

Eros non lo conosciamo. Lo riconosciamo. Amare qualcuno o qualcosa significa amarlo da subito. Sai, non ho mai creduto al "ci vuole tempo per innamorarsi di una persona". O meglio, sì, ci vuole tempo per innamorarsi di una persona, e sai perché? Perché segui la mente che cerca di convincerti di tutto ciò che vuole ma, se tu ami qualcuno per davvero, se le anime si riconoscono, accade da subito.

L'innamoramento è solo un inganno, una droga potente che dura al massimo sei mesi, tenendoci larghi un anno. L'amore che nasce dopo molto tempo non è Eros. È solo una costruzione mentale. Il cosiddetto "colpo di fulmine" è invece qualcosa di molto profondo e autentico.

È Eros che si manifesta nel cuore e nell'anima, e lo fa in un solo istante. Può essere il colpo di fulmine verso un uomo, una donna, un sogno, un progetto. Ma deve essere immediato.

Questo è il motivo per cui siamo qui, per il quale siamo tornati. Molte persone sono talmente alienate che non lo riconoscono, in quanto vivono solo sul piano mentale, ma la loro anima sa, tutto conosce, e non riconoscere Eros significa perdere la prova più importante per la quale ci siamo reincarnati. Ti parlo per esperienza personale, sai che ci tengo a essere concreta e logica.

La maggior parte delle persone l'ho vista con i miei occhi rifiutare Eros, in quanto accoglierlo significa evolvere, vincere la paura, oltrepassare la mente e ascoltarsi. Riconoscerlo non è facile per chi non si conosce, o meglio, per chi vive solo nell'inganno di se stesso.

Tu lo hai mai conosciuto Eros, in qualsiasi forma abbia scelto di manifestarsi? Scrivilo nel tuo diario e alla fine scrivi e ripeti tre volte a te stesso: «Per Eros, con Eros e in Eros voglio vivere la mia vita».

Ebbene, la mia domanda è stata un voluto tranello, per testare la tua evoluzione e la tua logicità. Se Eros è il senso di tutto, anche inconsapevolmente, devi averlo conosciuto per forza. Lui è la verità di te stesso. La tua stessa essenza. Alla peggio puoi non averlo riconosciuto, ma non preoccuparti, arriverà il tuo tempo in ogni caso.

Come ti dicevo, Eros lo proviamo verso tutto, non solo verso le persone e nel ri-scoprirlo e "perderlo" (non perdiamo mai veramente Eros, è eterno, solo la mente ci inganna facendoci credere alla separazione) noi esprimiamo al massimo il nostro essere dei co-creatori.

Ti faccio alcuni esempi pratici:
1. *Walt Disney*. Licenziato a trent'anni per "mancanza di creatività"! Sembra assurdo, vero? Gli uccisero l'Eros, e questo lo spinse a emergere, a tirare fuori tutto l'amore che aveva nel cuore per donarlo al mondo.
2. *Roger Federer*. Un suo allenatore, quando era ragazzino, gli disse: «Tu nel tennis non andrai da nessuna parte». È diventato il tennista numero uno al mondo. Ha dichiarato di aver provato

tanta rabbia e solo poi, distaccandosene, quindi dopo aver imparato l'amore incondizionato, di essere diventato l'uomo e, di conseguenza, il campione che è.

3. *Ryke Geerd Hamer*. Oncologo che ha scoperto la vera causa di tutte le cosiddette "malattie". In seguito alla morte per omicidio del figlio, gli è venuto un tumore ai testicoli. "Grazie" alla "perdita di Eros" il medico ha compreso esserci una correlazione specifica tra psiche-organo-cervello, risalendo alla causa delle malattie e scoprendo che sono processi di risoluzione biologici e sensati. Esiliato e screditato da tutti i mass media, in quanto scomodo per le case farmaceutiche, ha fatto la più grande e rivoluzionaria scoperta nel mondo della medicina. Ha continuato a lottare da esiliato e, nonostante oggi sia morto (si ritiene sia stato ucciso), la sua scoperta scientifica si sta diffondendo in tutto il mondo. Grazie, dottor Hamer.

4. *Lady Gaga*. Un suo ex fidanzato le disse che era una nullità, riaccendendo i fantasmi di una bambina da sempre umiliata e screditata. È diventata una delle più grandi cantanti della storia. La sua voce arriva dritta al cuore di milioni di persone.

Ora passiamo direttamente agli esercizi pratici, voglio essere certa che tu riesca a comprendere e fissare dentro te stesso tutto ciò che ti sto trasmettendo.

Esercizi pratici
Andremo a lavorare prima sul tuo bambino interiore e poi sul depotenziare la mente, mentre attiveremo il secondo chakra.

Risvegliati, bambino interiore
Torniamo adesso a quello stato di coscienza ricco di purezza e felicità. Questo è fondamentale per proseguire nel nostro viaggio. Andiamo a risvegliare semplicemente ciò che siamo veramente, prima di passare a depotenziare la tua mente e attivare il tuo secondo chakra. L'esercizio è semplice, per questo complicatissimo.

Ci hanno inculcato nella mente che le soluzioni a qualsiasi questione, compresa la crescita personale, debbano essere complicate. Ma non è vero, ricorda che la mente per definizione mente! Dovrai fare questi esercizi di meditazione/visualizzazione per almeno ventuno giorni (se vuoi puoi prolungare, o rifarlo ogni volta che vuoi riconnetterti al bambino che sei).

1. Recupera una foto di quando avevi tra i tre e i cinque anni. Osservala bene, prova tenerezza mentre la guardi. Quel pupo sei tu, e sei un dono inestimabile!
2. Fai tre respiri profondi, connettiti al tuo Sé più profondo. Rilassati, lascia andare tutti i pensieri e, dato che sei di nuovo bambino, sii profondamente curioso di goderti queste belle sensazioni di assoluta leggerezza e pace interiore. Prenditi il tuo tempo per rilassarti più che puoi.
3. Ora sei il bambino di quella foto. Visualizzati esattamente così. Sei di nuovo e totalmente libero. Che sensazione di assoluta libertà, vero?
4. Più torni bambino e più sei curioso di te stesso e del mondo che ti circonda, fino a comprendere che la separazione non esiste. Tutto è Uno e tu sei il co-creatore di tutto. E ora, in quanto bambino, comprenderlo è assolutamente naturale.
5. Ora sei pronto. Pronuncia a te stesso queste parole: «Io sono (nome e cognome, è fondamentale a livello energetico manifestarci all'Universo) e da adesso in poi potrò con me il mio bambino interiore, e sarà lui, con tutta la sua forza, giustizia e audacia, a guidarmi nelle scelte e nella vita di tutti i giorni. Grazie, Universo, per aver accolto il bambino che sono. Grazie

con tutto il mio cuore. Ora sono vivo. Ora sono sveglio. Grazie ancora, dal più profondo del mio cuore».

Vedrai quanti benefici avrai da questa meditazione/visualizzazione. L'unica regola è che devi farlo con tutto il cuore, lasciando scorrere le emozioni. Vedrai, sarà un successo. Grazie per il tuo atto di coraggio. Sono orgogliosa di te.

Alla ricerca di Eros
Ora possiamo depotenziare la mente mentre attivi Svadhistana, il secondo chakra, localizzato nel ventre, nella zona ombelicale, intimamente legato a Eros in quanto connesso al desiderio inteso in senso viscerale e al piacere fortemente legato alla dolcezza e all'amore incondizionato. Il suo verbo è "io provo piacere, io gioisco", ed è collegato principalmente all'intestino e ai reni.

Attivarlo ti darà la possibilità di conoscere e ri-conoscere Eros, in quanto ti allineerà al tuo destino e al tuo progetto di vita, scelto prima di reincarnarti.

1. Ritorna a quella volta in cui incrociando uno sguardo (sia esso

stato di un partner, amica, amico) hai sentito da subito, immediatamente, una connessione viscerale e fortissima. Ecco, quello è vero amore, puro Eros.
2. Ora rivivi le sensazioni, pensieri, emozioni che hai provato in quell'istante. Chiudi gli occhi, respira profondamente e datti tempo per riviverle tutte. Bellissimo, vero?
3. Ottimo. Ora poggia la mano sinistra sul cuore e, restando in quello stato di beatitudine, pronuncia a te stesso: «Io sono il tuo riflesso. Come te, sono puro Eros, puro amore, pura energia. Grazie per avermi mostrato la meraviglia che sono. Grazie per avermi mostrato la meraviglia che sei. Grazie con tutto il mio cuore».
4. Datti qualche secondo prima di aprire gli occhi e tornare qui ora.

Ora che nel riflesso di Eros hai compreso che tu stesso sei Eros, cioè una bomba di amore allo stato puro, non resta che vivere, oltre la mediocrità e le apparenze. Sono orgogliosa di te, lo sono davvero tanto.

Prova di coraggio
Prendi il tuo cellulare e preparati a inoltrare un messaggio (manda un messaggio vocale, di modo che tu stesso e l'altra persona

possiate sentire l'emozione che stai trasmettendo). Immagino che nella tua vita abbia perso anche tu, almeno una volta, un Eros (che sia stato amico o partner è indifferente) e che ancora oggi ti manca molto. Magari vi siete separati anche "malamente", e nutri ancora un pizzico di rabbia, risentimento o rancore nei suoi confronti.

Bene, è giunto il momento di lasciare andare tutto e di portare con te, nel lungo viaggio, solo l'amore. Si dice che solo quando muore l'ego nasce l'anima, ed è proprio così.

Ora manda al tuo Eros un vocale, digli che sei grato che abbia fatto parte della tua vita e che gli/le auguri ogni bene, con tutto il tuo cuore. Non mi dilungo su cosa devi dirgli, ma fallo con tutto il tuo cuore e lasciando fluire libere le tue emozioni.

Ti ho detto di mandargli un vocale e non di chiamarlo perché così non sarai interrotto nel tuo "flusso di puro amore" e potrai manifestarlo al massimo.

Poi sarete sempre in tempo per chiamarvi e, perché no, se sarà volontà di cuore di entrambi, anche per rivedervi. Ci vuole un grande coraggio per fare questo, perciò non puoi tirarti indietro. È ora di evolvere, di crescere e di diventare la grande persona che sei destinato a essere.

In bocca al lupo. E, mi raccomando, rispondi «Grazie», non «Crepi». Ti sto augurando di stare nel posto più sicuro al mondo.

RIEPILOGO DEL CAPITOLO 2:

- SEGRETO n. 1: La paura della morte svanisce completamente nel momento in cui prendiamo reale consapevolezza del nostro Sé. Siamo immortali.
- SEGRETO n. 2: Provare dolore è un'esperienza fondamentale in quanto ci permette di integrare il buio e la luce dentro di noi, raggiungendo l'equilibrio e l'armonia.
- SEGRETO n. 3: La maggior parte delle persone vive ancora nell'ipnosi collettiva indotta che la porta a identificarsi con l'ego, il quale obbliga a non godere troppo né soffrire troppo. La mediocrità, così come l'ignoranza, ha fatto comodo ai potenti per lungo tempo.
- SEGRETO n. 4: Eros, l'amore animico, è pura energia. Parliamo della vibrazione con le frequenze più alte in tutto l'Universo, nonché il motivo stesso per cui ci reincarniamo e continuiamo a vivere esperienze cicliche qui sulla Terra.
- SEGRETO n. 5: Le emozioni disfunzionali (come ad esempio la paura) ci mantengono a vibrare su basse frequenze, non permettendo al nostro Sé Divino di integrarsi e armonizzarsi. Possiamo uscire dalla spirale della paura solo depotenziando la mente, potenziando il cuore e risvegliando l'anima.

Capitolo 3:
Come rendere la tua mente efficace e vincente

> «L'anima dà il meglio di sé quando la mente non la disturba con il suo continuo pensare».
> *Raffaele Morelli*

La mente mente, lo vuoi capire o no? Lo so che per anni psicologi, Mental Coach "classici" (avrai capito che non sono classica per niente) ti hanno inculato nella mente (che mente, nel caso in cui non ti fosse ancora chiaro) che devi rinforzarla per essere un vincente. Be', questo non corrisponde a verità! Oggi è totalmente illogico a livello concettuale, ma soprattutto energetico.

Uno degli obiettivi principali di questo libro è quello di renderti logico (quindi vincente) e non sarà continuando a ingannarti che potrai diventarlo. La mente "vive" solo nella Terza Dimensione, (nel prossimo capitolo capirai bene cosa significa), quindi sul piano energetico vive solo nella materia e questo la rende limitata e ingannevole.

La mente agisce solo su ciò che è visibile, cioè solo sull'inganno. Come ti spiegavo all'inizio del libro, Eywa ha effettuato un grande salto quantico e noi con lei. Oggi ci muoviamo su vibrazioni più alte di quelle mentali, su energie che vanno oltre la mente.

Ti ricordo che il cervello cardiaco è molto più potente e il suo campo elettromagnetico è molto più forte rispetto a quello del cervello. Non si plasma più la realtà tramite la materia (o meglio, non solo tramite la materia) ma la si trasforma tramite la luce. Detto in altri termini, si crea sul piano dell'invisibile.

E consapevolezza fu
Il campo di pura consapevolezza. Il punto zero. La fisica quantistica ce lo spiega bene. La dimensione oltre la materia, dove non esiste il tempo né lo spazio. Viviamo in una multidimensione, e quella che percepisce la mente è legata solo alla materia. Ecco perché non possiamo continuare a credere che la mente sia il nostro centro.

È sicuramente sacra, come ogni cosa che ci riguarda, ma certamente va depotenziata e questo, oltre che sacra, la renderà potentissima perché, una volta indebolita, ci permetterà di vedere oltre il velo di Maya, oltre l'illusorio mondo delle apparenze.

Se restiamo solo nella mente, perdiamo il "sentire" e la capacità di "vedere oltre il guardare". Quando in *Avatar* dicono «Io ti vedo» intendono proprio questo: sentire il cuore per arrivare alla verità dell'anima. È importante che tu capisca la sottile ma netta distinzione tra conoscenza e sapienza.

Non chiamarmi colto! Chiamami sapiente!
Hai mai conosciuto persone che hanno studiato anni e anni, magari hanno lauree, borse di studio e master sulle spalle, magari hanno persino brillanti carriere lavorative, ma poi ti chiedi istintivamente che cosa sappiano veramente? Deve esserti successo per forza almeno una volta nella vita. Per me è all'ordine del giorno!

Ottimo, queste persone sono certamente molto colte, ma decisamente poco sapienti. Prima di andare avanti, a te è mai capitato di sentirti colto ma poco sapiente? Di provare quella sensazione che, anche se sei preparatissimo, nell'azione, o in qualche parte recondita di te, in fondo non ti senti pronto?

Viceversa, ti è mai successo di non sapere assolutamente nulla circa qualcosa/qualcuno, eppure avere la netta e certa sensazione di conoscere ogni cosa?

Ottimo, scrivi nel tuo diario quella volta in cui eri totalmente ignorante ma sei stato brillante e alla fine aggiungi e ripeti a te stesso: «Sono grato per la mia sapienza. Sono grato e felice».

Mettiamola così. La conoscenza sta nella mente. La sapienza vive nell'anima. Ti risuonano queste parole? Se pensi, forse no. Ma se ti ascolti, sicuramente sì. Il sapiente è colui che conosce prima di sapere, colui che non ha bisogno di prove, teorie o dimostrazioni, è colui che semplicemente sa. È l'innovatore, il ribelle del gregge, la strega dei boschi, il liberatore di schiavi.

Con questo non voglio certo dire che studiare sia sbagliato o basarsi sui dati sia scorretto, ci mancherebbe, anzi sono tappe fondamentali nella vita, e il sapiente è il primo a studiare, interrogarsi e formarsi.

Quello che voglio dirti è che il sapiente spesso detiene la conoscenza prima che gli venga insegnata, e proprio per questo è il custode della verità. Perché, ti starai chiedendo? Ottimo, tra pochissimo lo scoprirai.

Scelgo l'anima, il cuore o la mente?
«Non c'è nulla da scegliere in un mondo dove tutto è Uno» (Giulia Moratti).

Ci reincarniamo, te lo posso dire con certezza perché ho ricordi delle mie "vite passate" e ho avuto riprove concrete in questa vita delle mie reincarnazioni. Ho visto persone prima di rivederle sul piano fisico, ho letto il mio destino prima che accadesse (e sono riuscita pure a modificarlo per pulire il mio karma). Detto in altri termini, ero sapiente prima di conoscere.

E pensa che subito non lo sapevo nemmeno! Per questo lo ero! E non è un gioco di parole, è proprio la verità che ho sperimentato su di me. Per questo oggi mi sento felice nel mio cuore di poterla condividere con te.

Ottimo, quindi magari ora starai pensando: a cosa serve la mente, allora? È utile, se si basa solo su ciò che appare, in una realtà che è multidimensionale, quindi molto più ampia? Scelgo l'anima che si reincarna o la mente che mente? E il cuore, in tutto questo, che ruolo ha? Del resto è un cervello pure lui, quindi avrà voce in capitolo?

Se ho indovinato, se sei partito con tutti questi pensieri, sei nella separazione, quindi nella mente. Detto questo, la mente è sacra. In questa Terza Dimensione è assolutamente funzionale e dobbiamo essere profondamente grati anche a lei. L'Universo ha ritenuto che fosse utilissima (ed effettivamente così è), quindi, immensamente grazie.

La mente vive nella separazione, quindi, usata a nostro favore sul piano materiale, ha la sua preziosa utilità, ma ricordiamoci che la separazione è un inganno, un gioco che dobbiamo volgere a nostro favore. Siamo tutti Uno. Fino a che crederemo nella separazione, saremo in un ego disfunzionale che vive secondo la paura e la negazione (io non sono tu, e viceversa).

In questa Nuova Era (sempre più femminina sul piano energetico e vibrazionale e sempre meno mascolina), l'Universo chiede sempre più connessione, amore, protezione, unione, le caratteristiche tipiche di una madre. Ecco perché, dopo secoli di leader e maestri prevalentemente maschili, ora è il tempo delle donne. Questo non significa che i maschietti siano tagliati fuori, vorrebbe dire dare vita di nuovo a una separazione. Dico solo che, sul piano vibrazionale e di frequenze, ora ci troviamo su una meravigliosa energia femminina e dobbiamo onorarla.

«La mente separa, il cuore unisce, l'anima conosce» (Giulia Moratti).

Possiamo vedere la mente come il cervello maschile e il cuore come il cervello femminile. Ho sempre sostenuto, del resto, che le donne siano superiori, alla faccia dei maschietti. Dai che scherzo. Siamo tutti sacri. Siamo tutti Uno. Mettiamola in termini di energia, in quanto tutto è energia. Lo Yin e lo Yang sono un principio della filosofia cinese, due energie opposte ed entrambe necessarie.

Yin possiamo definirla come l'energia femminina (che non deve necessariamente essere legata al sesso femminile, anche se nella maggior parte dei casi è così) mentre Yang è l'energia mascolina.

L'energia che viene dalla terra e dà nutrimento e sostegno salendo verso l'alto è Yin, la femminina, mentre quella che viene dal cielo e dal Sole e che scalda scendendo verso il basso è Yang, la mascolina.

L'energia femminina è più introspettiva, meno "aggressiva", più legata al raccoglimento e, detto in altri termini, all'intuizione, al sentire, alla pura dolcezza. Ecco perché è più legata al cervello cardiaco. Mentre l'energia mascolina, Yang, è decisamente più legata "alla presa di posizione", alla forza, alla conoscenza che non si accontenta di conoscere se stessa ma che deve trovare prove tangibili all'esterno di sé.

Entrambe le energie vivono in ognuno di noi, anche se una è predominante. Conosco molti uomini a energia prevalentemente femminina che oggi risultano infatti essere superuomini e superevoluti. Entrambe le energie sono fondamentali per l'armonia di noi stessi e dell'Universo.

Oggi è tempo di seguire di più il nostro cervello femminile, l'energia femminina, senza ovviamente escludere l'altra, perché è l'Universo a volerlo. È tempo di ascoltare il nostro cervello intuitivo, creativo, passionale. Se restiamo nella pura mente, oggi, restiamo illogici e schiavi di una finta concretezza.

Nella Nuova Era vedremo sempre più collaborazione tra le persone, anche a livello lavorativo, ecco perché i vincenti sono e saranno coloro che seguiranno maggiormente il cuore. Vincerà Eros a discapito dell'ego, le cui radici risiedono nella mente, nella separazione. E poi c'è lei, la sapienza per eccellenza, colei che tutto conosce dalla notte dei tempi. Colei che è immortale. L'anima.

«L'anima è reale, la materia è illusione» (Fabio Marchesi).

La soluzione? Armonizzare mente, cuore e anima, renderle Uno in un flusso d'amore. Come, ti chiederai? Posso risponderti a tante cose e potrei risponderti anche a questo, ma adesso non voglio farlo e, verso la fine del libro, comprenderai il perché, o meglio, lo sentirai.

Un, due, tre, ora io mente controllo te!
Non riesco a smettere di pensare. Non riesco a smettere di pensare.

Non riesco a smettere di pensare! E per forza, se continui a ripeterti "non riesco", l'unica cosa che resterà da visualizzare al tuo cervello sarà "smettere di pensare". E quindi cosa ti farà vedere? Semplice, il tuo pensiero, tenendoti in un circolo vizioso.

Il cervello è un computer con regole più semplici di quelle che ti hanno fatto credere. E il tasto "non" è assente sulla sua tastiera, quindi devi eliminare subito quella parola e volgere tutti i tuoi pensieri al positivo. Ad esempio: «Non voglio perdere» in «Voglio vincere» o, ancora meglio, «Vinco».

Togliendo il voglio, sorpassiamo l'ego e arriviamo diretti al Sé: «Non mi stai simpatico» in «Adoro alcuni aspetti di te». Qui stravolgiamo anche un concetto, oltre che le parole, insomma, prendiamo due piccioni con una fava. E si potrebbe andare avanti all'infinito, ma sono certa che hai già compreso perfettamente cosa intendo trasmetterti.

Hai mai pensato (eh no, devi smetterla di pensare! Dai, mi diverto a prenderti un po' in giro) che hai sempre preso la tua mente troppo sul serio? Sì, fino a oggi con buone probabilità ti sei davvero preso troppo sul serio, e questo potenzia la tua mente anziché depotenziarla. La mente vive di inganni, ed è funzionale che lo faccia, ma dato che è solo una parte di te e non è te, ingannala anche tu cominciando col prenderla bonariamente in giro.

It iats ehcna odnazrofs rep ereggel, alrip! Scusami, non ho resistito alla tentazione di farti uno scherzetto. Divertente leggere al contrario, vero? È tutto così serio, tutto così noioso nel mondo degli adulti, lo credi anche tu? Per depotenziare la mente, e quindi renderla potentissima, come prima cosa devi ritrovare lo spirito bambino, e gli ingredienti sono: gioco, leggerezza, creatività.

Che bella la monotonia della scuola...
Pensa alla scuola "tradizionale". Che meraviglia vero? Tutti seduti al banco, ricurvi su noi stessi. Un insegnante che impartisce regole e lezioni uguali per tutti e, se solo ci azzardiamo a parlare, ci dà una bella nota. Ah sì, che meraviglia.

Tutti i giorni le lezioni si impartiscono allo stesso modo e si dà una valutazione dei compiti partendo da un parametro uguale per tutti. È proprio divertente vivere così, vero? O forse no? O forse dobbiamo stravolgere i parametri ai quali la nostra mente è stata (volutamente e non) incasellata?

Torniamo alla ricreazione. Dimmi, non hai forse imparato più cose lì rispetto a quando eri seduto al banco? Hai imparato a ridere, ma quelle risate di gusto per le quali nessuno ti sgrida o riprende. Hai imparato a cadere e, ogni volta, ti sei rialzato da solo. Hai imparato a fare gli scherzi e anche a subirli. Hai imparato la cosa più importante di tutte: la disobbedienza.

«L'atto di disobbedienza, in quanto atto di libertà, è l'inizio della ragione» (Erich Fromm).

Ci tengo a sottolineare, prima di essere fraintesa, che non sto inneggiando alla rivolta o alla maleducazione, in quanto la mia libertà finisce dove inizia la tua e il rispetto è alla base delle regole universali della Nuova Era, ma sicuramente sto dicendo che sia gli adulti sia i bambini meritano di vivere in un mondo più libero e divertente, di cui ci gioveremmo tutti, e io adoro essere logica e obiettiva senza prendere per buono il "si è sempre fatto così", anche perché, come dico sempre, *la storia insegna, ma la massa non impara*. A oggi la scuola si svolge con le stesse regole che vigevano negli anni Ottanta. Poniamoci due domande e diamoci due risposte, è un nostro dovere di adulti.

Tutto questo per farti capire che la mente è stata allenata per anni e anni al giudizio, alla serietà, al contenersi, ma ora è tempo di liberarla. Diamole aria. Diamole giochi. Diamole libertà, e lei libererà noi.

Quando ripensi a qualcuno che "ti ha fatto arrabbiare", sdrammatizza immaginandolo, ad esempio, con la voce di Paperino o vestito solo delle sue mutande con le paperelle gialle. Ti scappa già da ridere, vero? Bravo, riditela alla grande! È con la tua mente che devi fare pace, il mondo fuori è solo un riflesso dell'interno.

Quando la tua mente, quella fetente, ti ripete «è impossibile» riguardo a una questione o a qualcuno, metti subito le cose in chiaro e rispondile: «Sappi che stai parlando con la mia anima, che è morta e rinata mille volte, e vieni a dire me che qualcosa è impossibile?» Con poche parole, vedrai come starà zitta, quella bugiardona! Ora la sto mettendo sul ridere e, proprio per questo, sono molto seria.

Impara a divertirti, a giocare, così la mente sarà tua alleata, anziché tua nemica, e sarà sorella del cuore e dell'anima. Devi prenderla in giro bonariamente e con gratitudine, così il gioco sarà reciproco e insieme sarà un successo. Non farla più giocare da sola, gioca con lei.

Prima di proseguire, voglio riportati un pensiero speciale di Milagros Neptuno, che ritengo racchiuda l'essenza di ciò che ti ho appena trasmesso.

A scuola non mi hanno parlato della Luna e delle sue fasi, della Terra e dei suoi cicli, non mi hanno parlato della morte come nascita, non mi hanno parlato della sessualità come sacra, non mi hanno parlato del corpo come tempio delle emozioni.

Mi hanno detto di adeguarmi, di adattarmi, mi hanno detto di sedermi sempre nello stesso banco e vedere le cose ripetutamente da un solo punto di vista. Mi hanno qualificata con dei numeri, mi hanno fatta sentire a volte di più ma quasi sempre meno di altri. A volte meritavo, altre volte no.

Mi hanno detto che ero distratta, ribelle e irrispettosa, mi hanno detto di stare zitta, di studiare anche quello che non mi piace e di prendere un foglio, come se fosse una minaccia. Volevano spaventarmi. Mi volevano sottomessa, mi volevano sistemica, mi volevano senza fiatare, mi volevano obbediente, mi volevano prolissa.

Ma nessuno ha mai voluto che mi conoscessi. Nessuno mi ha aspettato, nessuno mi ha chiesto, nessuno si è fermato a guardarmi.

Quando esisterà una scuola che guardi a ciascuno con attenzione? Quando smetteremo di voler essere tutti uguali? Siamo lupi battezzati da cani.

Voglio ululare alla Luna senza essere chiamata pazza, voglio vivere al mio ritmo senza programmare mete. Voglio sentire senza paura.

Ti regalo la mia struttura. Ti regalo la mia produttività. Lasciami libera, creativa, e anche se non ti piace, e anche se ti dà fastidio, lasciami anche selvatica.

Preferisci destreggiarti o il tiro mancino?
«Pierino Prati. Mancino come me, guascone, atipico» (Antonio Cabrini).

Ora immagina di guardare lo spettacolo a teatro più bello che tu abbia mai visto. Visualizza la fine di questa meravigliosa rappresentazione teatrale e batti le mani. Quale mano anteponi all'altra? La destra o la sinistra? Osservati. Questo ti permetterà di comprendere se sei destrimane o mancino, ed è molto utile per comprendere il tuo modo di comunicare.

Ebbene sì, il caso assolutamente non esiste e la natura a livello biologico ha voluto una maggioranza di destrimani e una minoranza di mancini per un motivo ben preciso.

Il fatto che tu scriva con la mano destra non vuol dire necessariamente che tu sia destrimane, per questo ti ho fatto fare il test dell'applauso. Solo quello determina la nostra vera lateralità. Ti specifico che è credenza errata il fatto che esistano gli ambidestri. Questo non è scientifico. Il fatto di "usare entrambe le mani" è capacità innata di tutti e che possiamo allenare, ma un emisfero cerebrale è biologicamente e sempre dominante rispetto all'altro.

Se sei della razza di noi mancini, come la sottoscritta, be', ovviamente hai una marcia in più! Come mi diverto a fare la burlona, del resto sono mancina, appunto!

Tornando seri per un attimo, ma proprio per un attimo, come disse Aristotele, «l'uomo è un animale sociale» e aveva proprio ragione. A livello puramente biologico, noi siamo animali (mammiferi) e sociali (viviamo cioè in branco, seguendone le regole ferree volute da Madre Natura).

All'origine eravamo tutti destrimani cioè avevamo, per la legge della lateralità, l'emisfero sinistro del cervello encefalico dominante, quello legato alla logica, alla nostra capacità di problem-solving e alla mente analitica. Poi, secoli e secoli fa, la natura ha "creato" i mancini, che ancora oggi sono comunque una netta minoranza. Sono all'incirca il tre per cento della popolazione. Avendo loro l'emisfero cerebrale destro dominante, sono più legati all'intuizione, alla creatività e alle decisioni prese "senza pensarci troppo".

Così, a logica (se sei destrimane) o a istinto (se sei mancino) chi ha una marcia in più secondo te? Scrivilo nel tuo diario.

Ma ancora caschi nei miei tranelli? No, vero? Tutto rientra negli equilibri della natura, quindi il meglio o il peggio davvero non esistono, sono solo un inganno mentale, appunto. Semplicemente Eywa, a un certo punto, si è resa conto che era necessario avere animali "più creativi" per poter portare a un'ulteriore evoluzione nella specie umana. Tutto qui.

Inoltre, l'uomo mancino è in natura "il leader di riserva". Cosa significa? Praticamente, di fronte a un "attacco al branco" o a una "fase depressiva", lui reagisce diventando maniacale e iperattivo, prendendo cioè la guida del suo branco, anziché chiudersi e "buttarsi giù" come farebbe il destrimane.

Ad esempio, un team di imprenditori perde improvvisamente l'assegnazione di un lavoro importante. Si riuniscono a un tavolo. Devono studiare una strategia per risollevarsi. A chi affideranno in quel momento, se sono consapevoli, il ruolo di leader? Be', a un uomo mancino, naturalmente, in quanto è in quel momento il più adatto biologicamente per prendere in mano la situazione e risollevare il suo team, così come l'azienda.

Idem, ad esempio, per una squadra di calcio. Finito il primo tempo, si trova ad aver subito due goal. L'allenatore, se sapiente, a chi affiderà all'interno del branco il ruolo di risollevare la squadra in quei quindici minuti di pausa? Di nuovo e ovviamente a un maschio mancino! Vedi quanto ci è utile la conoscenza, imparare a conoscere noi stessi? Sono sottigliezze queste, ma molto utili per imparare a comunicare efficacemente con noi stessi e con gli altri.

La donna mancina è invece, in natura, "la superfemmina". Quando anche lei vive una fase depressiva difficile legata a se stessa o al branco, anziché chiudersi, aumenta i suoi estrogeni, diventando appunto ancora più appetibile per se stessa e per gli altri; insomma, una superfemmina a tutti gli effetti. La classica donna che, quando viene mollata dal compagno, anziché "imbruttirsi" diviene ancora più armoniosa.

Ecco perché vale lo stesso discorso: in momenti di difficoltà, ad esempio nei team di lavoro, è a lei che bisogna affidare temporaneamente il ruolo di leader e guida. Rispetto alla destrimane produce – è scientificamente dimostrato – più estrogeno, e questo la rende in generale meno competitiva e più "mamma", ma nei momenti di difficoltà è un'eccezionale e carismatica leader di riserva. Ti specifico che ognuno di noi produce sia estrogeno che testosterone, solo che nell'uomo ovviamente predomina il testosterone e nella donna l'estrogeno.

Nella donna mancina, poi, l'estrogeno è solo raddoppiato a discapito del testosterone, tutto qui. Pensa che anni fa, quando ancora ignoravo queste leggi biologiche, andai a fare una visita dalla ginecologa la quale mi disse: «Ma quanto estrogeno produci? Sei una super-femmina!» La mia ginecologa probabilmente non conosceva questa teoria, ma la scienza effettivamente non mente mai.

Quindi ora sappiamo che i mancini sono ottimi leader di riserva, ecco perché Eywa, sempre benevola e intelligente, li ha "creati". A livello di pura comunicazione, ci sono anche delle differenze. Ovviamente, avendo due logiche diverse, spesso per le persone destrimani il mancino appare "troppo istintivo" nelle decisioni prese, personali come lavorative. Un creativo sconclusionato, insomma. Mentre al mancino il destrimane può apparire "un perdente", in quanto deve valutare mille dati prima di muoversi e agire.

Come imparare, quindi a comunicare efficacemente? Se ti rivolgi a un destrimane (e magari sei pure mancino), ricorda che la sua mente è analitica, a volte troppo. Quindi forniscigli tutte le informazioni di cui ha bisogno senza spazientirti ma, allo stesso tempo, spiegagli che ogni tanto anche buttarsi senza necessariamente valutare tutto è molto importante e pure liberatorio!

Così facendo, lo aiuterai a sviluppare e allenare maggiormente l'emisfero destro, rendendo il suo cervello encefalico automaticamente depotenziato, più armonioso e, soprattutto, equilibrato. Se sei destrimane, per allenare il tuo lobo destro, ti consiglio inoltre di cimentarti in nuove attività creative, che richiedono inventiva e spensieratezza. Prova, poi magari scopri che, contro ogni prognostico e dato, ti diverti pure!

Se ti rivolgi a un mancino (e magari sei pure destrimane), quanta soddisfazione se, ad esempio, sei un venditore. Al mancino non servono dati, vai ad agire sul suo entusiasmo e lui ti dirà subito sì.

Insomma, è il classico tipo che un destrimane inconsapevole definirebbe un allocco, quando invece anche lui ha una logica ferrea, solo diversa rispetto alla maggioranza. Quando comunichi con lui, non basarti su troppi dati, ma ricordagli l'importanza anche di valutare le cose più nel dettaglio e con attenzione.

Così facendo, lo aiuterai a sviluppare maggiormente il suo emisfero sinistro, mettendo maggiore equilibrio e armonia nel suo cervello encefalico. In quanto mancina, ti consiglio di allenarti a osservare i dettagli in ogni cosa che vedi e che fai. Questo è un ottimo modo per diventare osservatori più attenti e precisi.

Ora capisci il potere della consapevolezza? Quanto conoscere noi stessi e gli altri ci sia utile per vivere in armonia gli uni con gli altri? Ah, ancora un consiglio, sia ai destrimani che ai mancini.

Un ottimo allenamento per armonizzare gli emisferi è, per un mese, tutti i giorni, prendersi dieci minuti per scrivere contemporaneamente con la mano sinistra e con quella destra.

Sì, hai capito bene. Prendi due fogli e scrivi in contemporanea con le due mani! Insomma, trasformarti in una sorta di genio pazzo! Adoro i geni pazzi! All'inizio ti risulterà difficilissimo ma, con il tempo, sarà sempre più facile e divertente.

Quando scrivere contemporaneamente con entrambi le mani diventerà naturale, potrai considerare l'obiettivo di armonizzare ed equilibrare gli emisferi raggiunto. Ogni tanto, in ogni caso, ripeti l'esercizio per mantenerti in perfetta armonia.

Adesso trasformati in una lucertola!
Sarebbe bello trasformarsi in quello che ci pare, vero? O magari semplicemente trasformare delle parti del nostro corpo! Ah no, ma

è impossibile! Se stai ancora nella mente, ovviamente lo è. Tante, troppe cose sono impossibili se diamo retta alla mente.

Trovo che la lucertola sia uno degli animali guida più meravigliosi. Atipica. Magica. Bellissima. Non è forse lei che si allunga la coda? Si, è proprio lei. E come fa? Eppure è meno evoluta di noi esseri umani. Ma io ritengo che sia proprio il fatto di non avere una mente così raffinata a renderla magica. E non lo dico solo io, lo dimostra la scienza.

Se ti dicessi che ai miei corsi e quando faccio coaching privato conduco le persone ad allungarsi, ad esempio, le dita delle mani, mi crederesti? Scrivi cosa ne pensi e le motivazioni secondo le quali secondo te è possibile o impossibile.

Se hai risposto con la mente è sicuramente impossibile, e sai perché? Il tuo subconscio è stato allenato per anni a distorcere la realtà, a credere di subirla anziché crearla. Ti ricordo che noi siamo co-creatori e la realtà esterna è solo un riflesso di quella interna.

Tutto il Multiverso è solo un fascio di luce e vibrazioni. La lucertola, non avendo un subconscio strutturato, segue semplicemente le leggi dell'Universo. Si connette naturalmente al campo vibrazionale e modifica la sua realtà. Quindi posso garantirti che la risposta è sì, possiamo modificare il nostro corpo a nostro piacimento.

E te lo potrò dimostrare anche personalmente, se lo vorrai, durante l'evento "Risvegliati, Mago Merlino". Preparati a fare magie, insomma a vivere di pura scienza.

Voglio uscire dallo schema. Adesso
Un altro modo per depotenziare la mente, quando fa i capricci, è concentrarsi su altro. Rompere lo schema. Ad esempio, ti accorgi che stai "entrando" in pensieri disfunzionali e ossessivi? Be', "esci" subito, nel vero senso della parola. Ti piace ballare e sei solo in casa? Mettiti a ballare come un pazzo e, se anche fossi in mezzo alla strada, fallo lo stesso, così oltre che allenare la mente vai ad allenare anche il cuore, cioè il tuo coraggio. Oppure adori parlare al telefono con gli amici? Chiama subito un amico e raccontagli la prima cosa divertente che desideri.

La parola chiave è azione, la svolta sta sempre nell'azione. Ogni volta che qualcosa "non ti va bene", agisci al contrario, fai qualcosa che va a rompere quello schema e la mente sarà costretta a seguirti e a giocare questo gioco insieme a te.

Poche regole e semplici, ma che trasformeranno la tua mente in un'alleata.

1. Elimina il "non" e tutte le negazioni, tanto la mente non le riconosce, e trasformali in parole positive e piene di energia ad alta frequenza e vibrazioni.
2. Quando ti senti in uno stato mentale e fisiologico disfunzionale (osserva anche il tuo linguaggio non verbale, nota se la tua postura è in atteggiamento di chiusura) rompi lo schema con autoironia, ironia e leggerezza. Ricorda che il corpo influenza la mente e viceversa. Quindi, alza le braccia verso il cielo, imponiti di sorridere, vai allo specchio e guardati mentre fai le linguacce, insomma fai tutto quello che rompe lo schema e ti riporta a una condizione di gioco.
3. Usa il Metodo R.I.D.I. ideato dalla sottoscritta e che troverai qui sotto negli esercizi.

Esercizi pratici

Adesso lavoreremo sul depotenziare la tua mente tramite il Metodo R.I.D.I e sul tuo terzo chakra, Manipura, corrispondente allo stomaco e figlio del verbo "Io posso, io sono capace, io sono degno".

Il terzo chakra in equilibrio significa capacità di autoaffermazione e disciplina interiore, capacità di esprimere liberamente le proprie opinioni con autorevolezza, lasciando gli altri liberi a loro volta di esprimersi.

Con il metodo R.I.D.I faremo due cose in una: depotenzieremo la tua mente e apriremo il tuo terzo chakra. Vedrai, ti piacerà.

Metodo R.I.D.I (Respira, Inizia, Divertiti, Immagina)
Questo metodo va svolto in piedi, in posizione eretta. Spalle aperte e postura fiera. Prenditi dieci minuti e accertati di non essere disturbato. Se vuoi puoi mettere una lieve musica rilassante di sottofondo, se contribuisce al tuo stato di rilassamento. Porta le mani davanti al tuo viso e vai a creare un cuore con le mani, in modo che si crei uno spazio vuoto all'interno. Bravissimo, partiamo.

1. Fai tre respiri profondi e rilassati esclusivamente sul buco all'interno del cuore creato dalle tue mani. Concentrati profondamente su quello. Questo costringerà la tua mente a bloccare il flusso di pensieri. Per tutto il tempo dell'esercizio, resta concentrato su quello spazio visivo.
2. Mentre continui a respirare profondamente e a concentrarti sul tuo spazio visivo, visualizza te stesso bambino all'interno di quello spazio, devi avere tra i tre e i cinque anni. Visualizza il suo viso (il tuo viso) che ti guarda e ti sorride. Riempilo di più dettagli possibili. Vediti bello, pieno di colori e sorridente. Il suo viso guarda il tuo.
3. Più lo guardi e più ti sorride. Il suo viso è disteso, veramente divertito, ma gli occhi sono dolci e comprensivi. Più lo guardi e più entri in uno stato di pace e rilassamento. Ti senti profondamente grato per questo contatto visivo.
4. Se ti sembra di non riuscire a visualizzare perfettamente il te bambino che ti guarda, non è importante. Continua a concentrarti solo ed esclusivamente su quello spazio visivo e continua a immaginarlo più che puoi.
5. Ora sei pronto per parlare con lui e non vedi l'ora.
6. Mentre lui ti sorride sempre di più, pronuncia queste parole:

«Adesso io sono te e tu sei me. Che bello rivederti. Adesso io sono te e tu sei me. Che bello rivederti. Adesso io sono te e tu sei me. Che bello rivederti».

7. Dopo averlo ripetuto per tre volte, continua a rilassarti e noterai che il te bambino ti guarderà sempre più rilassato e felice.
8. Continuate nel vostro scambio visivo pieno d'amore e gratitudine, e ripetigli tutte le parole di tenerezza che vuoi, che senti nel tuo cuore. Digli che ora finalmente siete liberi di giocare insieme e di esprimervi al massimo, in totale gioia e libertà. Trova le parole più dolci e potenti che conosci. Lasciati andare e continua a goderti il vostro contatto visivo.
9. Ora siete uno parte dell'altro. Più lo guardi e più ti senti felice. Il suo viso è diventato il tuo e viceversa. Siete una fusione bellissima. E, più lo osservi, più senti il tuo corpo forte e rilassato al tempo stesso. Sei felice, profondamente felice.
10. Adesso puoi salutarlo, ringraziandolo con tutto il cuore per essere diventati una cosa sola. Lo vedi sparire piano piano e appena è andato via, dopo averti regalato un'ultima sonora e divertita risata, puoi scrollare le mani e dire a te stesso ad alta voce, quasi gridandolo: «Grazie».
11. Scrolla tutto il tuo corpo, torna qui e ora, mentre continuerai a

sentirti in uno stato energetico di grazia e forza. Ripeti questo metodo ogni volta che senti il bisogno di depotenziare la mente e importi amorevolmente su te stesso e gli altri.

Prova di coraggio
Ed eccoci a un'altra prova di coraggio. Ricorda, non puoi proseguire fino a quando non l'hai completata, altrimenti, che prova sarebbe?

Alla prima situazione pubblica in cui si presenta l'occasione – può essere una cena tra amici o una riunione di lavoro – appena trovi il coraggio, interrompi le varie conversazioni.

Alzati in piedi e richiama l'attenzione su di te, come si farebbe al classico "discorso" a un matrimonio o a un compleanno.

Accertarti di essere sicuro di te anche nella postura e rilassato. Dichiara quello che vuoi, sei libero. Ovviamente deve essere un discorso lungo e di senso compiuto.

La prova è semplicemente "importi amorevolmente sugli altri in un contesto pubblico". Non è una prova semplice, te lo assicuro, quindi bravissimo perché sono certa che ci riuscirai alla grande.

In bocca al lupo, fratello.

RIEPILOGO DEL CAPITOLO 3:

- SEGRETO n. 1: Si arriva a un tale punto di evoluzione che "stare nella mente" diventa un gioco. Sei tu a controllare lei e non viceversa.
- SEGRETO n. 2: La persona davvero risvegliata si accorge subito quando sta mentendo a se stessa e, di conseguenza, all'altro da sé. Questo le permette di tornare velocemente a centrarsi nel suo cuore e ad allinearsi con l'anima.
- SEGRETO n. 3: Avere coraggio significa avere cuore, ecco perché molte persone sono ancora codarde. È naturale che sia così, la società le ha volutamente "tenute nella mente" per renderle deboli e spaventate.
- SEGRETO n. 4: Raggiungere l'armonia significa integrare tutte le parti di noi stessi, accettandole con gratitudine e amore. Nulla è un caso, mai. Per questo dobbiamo essere sempre grati.
- SEGRETO n. 5: Siamo in grado di plasmare la materia tramite la luce e le vibrazioni. Questo è scientifico, basta uscire dall'inganno della mente che vuole farci credere che sia impossibile. Siamo autentici co-creatori, ma possiamo plasmare la realtà solo grazie al potere del nostro cuore, quindi di Eros.

Capitolo 4:
Come uscire dall'ipnosi collettiva

«La Terza Dimensione è solo un assaggio della realtà.
Il piccolo assaggio di tutto ciò che esiste per davvero».
Giulia Moratti

Adesso, caro fratello, prima di proseguire, ti consiglio di guardare un altro film, *Il quinto elemento*, di Luc Besson. Un film che personalmente trovo illuminante e meraviglioso. Ambientato in un tempo futuro (ricorda, l'illusione del tempo esiste solo nella Terza Dimensione) ci illumina su come sia il Quinto Elemento (raffigurato da una donna, cioè dall'energia femminina) a salvare il mondo nella lotta tra "il bene e il male". Se riesci, guarda il film, altrimenti prosegui direttamente nella lettura.

Eccoti, mi sei mancato, sai? Questo viaggio insieme è meraviglioso davvero. Ti è piaciuto il film? Che sensazioni hai provato nel vederlo? Cosa ti trasmette? Scrivilo nel tuo diario.

Ottimo, se credi di aver visto un film di fantascienza, be', "sbagliato"! È pura scienza, pura fisica quantistica quello che hai visto, e Luc Besson è un grande regista risvegliato.

Come prima cosa, devi sapere che l'intero cosmo è una proiezione, un ologramma. Sottoponendo a determinate condizioni particelle subatomiche come gli elettroni, esse riescono a comunicare istantaneamente l'una con l'altra a prescindere dalla distanza (è indifferente che si tratti di un millimetro o di diversi miliardi di chilometri).

Insomma, esiste qualcosa di non tangibile e visibile che mantiene collegati gli atomi a prescindere dallo spazio e dal tempo. Questo significa che, nonostante la sua apparente solidità, l'Universo è in realtà un fantasma, un ologramma gigantesco e splendidamente dettagliato.

La separazione è quindi pura illusione (esiste solo a livello della Terza Dimensione, quella puramente mentale) e a un livello più profondo tutte le cose sono infinitamente collegate.

Gli elettroni di un atomo di carbonio nel cervello umano sono connessi alle particelle subatomiche che costituiscono ogni salmone che nuota, ogni cuore che batte e ogni stella che brilla nel cielo. Ogni suddivisione è artificiale, tutta la natura altro non è che un'immensa rete ininterrotta.

Anche i concetti di tempo e spazio sono semplici proiezioni di un sistema molto più complesso. Detto in altri termini, il mondo materiale è un'illusione.

Noi pensiamo di essere entità fisiche che si muovono in un mondo fisico, ma in verità siamo dei ricevitori che galleggiano in un caleidoscopico mare di frequenze, e ciò che ne estraiamo lo trasformiamo magicamente in realtà fisica, cioè in uno dei miliardi di "mondi" esistenti nel superologramma.

Non ci interessa ora fare una lezione di fisica quantistica, devi solo fidarti e credere in tutto questo. O meglio, devi "sentire tutto questo", perché la risposta è dentro di te, e tu sai che è questa la verità.

Andiamo verso la fine de *Il quinto elemento*. Quando Lilù, la protagonista, deve salvare il mondo dalla "massa oscura", che simbolicamente potrebbe rappresentare l'ignoranza, come lo salva?

Ritorna a quella scena meravigliosa. Visualizzala. Lei compie il volere dell'Universo seguendo due Leggi:
1. La luce.
2. L'amore, Eros.

1. Ti sembra che lei, per fermare la massa oscura, usi la materia? No, infatti lei è il Quinto Elemento. Lei usa la luce per creare, in quanto "il campo" in cui viviamo, come insegna anche Einstein, si comporta esattamente come il fotone, quella particella che ha movimenti ondulatori e corpuscolari, quella particella che vibra di pura luce.

Io stessa, per farti allungare le dita delle mani, ti faccio creare tramite la luce, non tramite la materia. Non ha senso ora farti una lezione di fisica quantistica, ti chiedo solo di fidarti di me, e di Lilù, una nostra grande maestra.

2. Si crea con la luce, e poi tramite cosa? Be', tramite l'amore,

tramite Eros. Le energie Yin e Yang devono armonizzarsi per adempiere alla creazione. Lilù, infatti, chiede a Corben di dirle che la ama. Ha bisogno di sentire Eros per poter creare, costruire.

In due minuti di film abbiamo la sentenza: la materia è solo un'illusione e la prima e ultima risposta è sempre e solo l'amore, Eros. Per quanta riguarda il resto del film, anche quello è pura scienza, ma non è adesso il momento di parlarne. Tu credimi. Tutto in quel film è incredibilmente reale, proprio come in *Matrix*.

Come mai non ci capiamo?
«Possiamo avere tutti i mezzi di comunicazione del mondo, ma niente, assolutamente niente sostituisce lo sguardo dell'essere umano» (Paulo Coelho).

Un esperto di PNL ti direbbe che il "capirsi" è un giusto equilibrio tra linguaggio verbale e non verbale, tra il mio modo di comunicare e il tuo. Voglio dirti che anche io ho frequentato diversi corsi di PNL (Programmazione Neuro Linguistica) e proprio per questo mi concentro su altro.

Con questo non voglio togliere nulla ai coach che insegnano la PNL, anch'essa è utile e una scienza. Ma c'è un elemento importantissimo da tenere in considerazione. La PNL è una scienza di Terza Dimensione (la mente riconosce solo ciò che è materia e, in quanto piccolissima parte della realtà, riconosce solo l'inganno) ed è utile indubbiamente per "gestirci" su questa dimensione, ma ormai è superflua, saremo sempre più esperti di comunicazione in modo naturale e istintivo, e di certo non ci baseremo sulle regole della PNL.

Va bene apprenderla, benissimo, ma se ci fermiamo a quella, continuiamo nella pura e sola manipolazione di noi stessi e degli altri. Detto in altri termini, se credi oggi con la Nuova Era di poter essere un uomo di successo, vincente e felice (dove, ti ricordo, per felicità intendiamo uno stato di coscienza) perché sei il numero uno di PNL o un personaggio famoso, ti assicurò che non è e non sarà così.

Conosco personalmente (sai che parlo sempre e solo sulla base dell'esperienza) trainer top di PNL nel mondo, davvero ai più alti livelli, e ti assicuro che sono persone certamente piene di risorse economiche e di tempo, ma investono le loro risorse in quello che io definisco "il nulla cosmico". Tendono a restare nell'ego, in quanto sono "troppo mentali". E, di conseguenza, le vedo soffrire.

Quando mi ritrovo a parlare con loro, alzano la barriera mentale senza nemmeno rendersene conto (del resto quando si tratta di mente che mente sono i numeri uno!) e iniziano a parlare di "concretezza e cose tangibili", senza comprendere che quello di cui parlano loro è puro inganno, mentre io parlo della vera materia.

Questo non significa che io sia migliore, ci mancherebbe, ma di certo usiamo diversi criteri per vivere e comunicare. Loro parlano con la mente, io con il cuore.

Solo che dimenticano che Braveheart (l'eroe di Scozia realmente esistito) ha raggiunto i suoi obiettivi concreti e tangibili con la forza del cuore, mica con quella della mente. Altrimenti lo avrebbero chiamato Bravebrain!

E dimenticano anche, o forse proprio ignorano, che se fino agli anni Novanta Eywa aveva frequenze di Terza Dimensione, ora non è più così, e ci sta chiedendo con tutto il suo amore di fare il salto quantico insieme a lei. Dove sta quindi il segreto per poter comunicare efficacemente, nonostante "la diversità"?

Mente, parlami con il cuore! No, tu cuore parlami con la mente!
Allora, ci decidiamo? Chi ha ragione? Chi sostiene il cuore oppure la mente? Secondo te? Prenditi alcuni secondi per rifletterci, prima di proseguire. E scrivilo.

Devo darti questa notizia. Nessuno dei due! Nel momento in cui io voglio aver ragione, o tu vuoi aver ragione, stiamo automaticamente chiudendo la comunicazione, di qualsiasi natura essa sia. Non esiste torto né ragione, sono solo ingannevoli proiezioni mentali. Esiste solo una verità scientifica oggi: la mente deve armonizzarsi con il cuore e viceversa, questo è l'unico modo per entrare nel flusso e rimanerci. E vale per tutti noi.

Il soggetto vincente, oggi, può essere solo colui che depotenzia la mente, potenzia il cuore e ascolta l'anima, lasciandosi guidare dalla sua "voce". Insomma, colui che è in perfetta armonia, cioè colui che ha connesso e interconnesso meravigliosamente se stesso con il mondo intero. Vediamo i tre diversi tipi di soggetti (detti anche tipi da spiaggia):

Soggetto mentale
Nel suo vocabolario usa sempre termini quali "concretezza", "pragmaticità", "risultato", senza sapere in verità che si sta riferendo solo a inganni della Terza Dimensione, e addita il soggetto di cuore o multidimensionale (dopo capiremo chi sono questi altri due tipi da spiaggia) come un sognatore, poco pratico, illuso, mentre lui è semplicemente più intelligente (per intelligenza intendiamo solo la capacità di "guardare oltre" i fatti, le situazioni e le persone) e i due si fraintendono continuamente.

Inoltre, il soggetto mentale ha difficoltà ad abbandonarsi alle pure emozioni, quelle che vanno oltre le convenzioni e le paure che risiedono tutte nella mente, quindi nell'ego. Parlerà di amore e valori, più che sentirli. Al soggetto di cuore apparirà un po' ingannevole e superficiale.

Come pregi, il soggetto "puramente" mentale è solitamente molto determinato, abile nelle relazioni lavorative (inconsapevolmente è un ottimo manipolatore di se stesso, e quindi degli altri) e tendenzialmente abile nelle cose puramente manuali. Lui si definisce logico, ma in realtà è tendenzialmente illogico.

Soggetto di cuore
Nel suo vocabolario prevalgono termini quali "amore", "collaborazione", "unione". È il classico tipo tutto miele e cuoricini, ma è molto più logico di quello che può apparire a uno sguardo superficiale (tipico del soggetto mentale).

Si abbandona con estrema facilità alle emozioni, e talvolta quello è il suo limite, in quanto non gli permette di essere lucido (restando pur sempre logico) e questo lo penalizza sia nelle relazioni lavorative sia in quelle affettive. Tende a essere perseverante e onesto, due ottime qualità per questa Nuova Era in cui tutto è unione e collaborazione. Ogni tanto è sbadato e distratto, in quanto concentrato maggiormente "sull'oltre".

Soggetto multidimensionale
Nel suo vocabolario compare "un po' di tutto", difficilmente qualcosa prevale su altro. Egli ha compreso che mente, cuore e

anima sono "importanti" in egual modo, userà tutto a suo favore e, come naturale conseguenza, a favore degli altri, in quanto egli ha compreso meglio di tutti che siamo Uno.

Egli vive nell'armonia, cioè nella piena connessione. È logico, determinato, ambizioso ma, a differenza del soggetto mentale, il suo motto è "Vinco io solo se vinciamo insieme, altrimenti abbiamo perso entrambi."

Il soggetto mentale è decisamente più egoista (schiavo cioè dell'ego che, nonostante le belle parole manipolatorie, vuole il potere tutto e solo per sé).

I soggetti multidimensionali sono decisamente i più evoluti, gli "anticipatori", i figli della Nuova Era.

«Dobbiamo trasformaci in soggetti multidimensionali. Questa è la Nuova Legge dell'Universo» (Giulia Moratti).

Ecco, la comunicazione del futuro, e il futuro è adesso. Non sarà più solo mentale, né solo di cuore, bensì multidimensionale. Questo significa oggi comunicare efficacemente e in modo funzionale per raggiungere i nostri obiettivi ed essere felici.

Vieni nella multidimensione con me?
Viviamo in un Multiverso, non in un Universo. Ci sono un'infinità di Universi paralleli. I pesci non sono consapevoli di ciò che accade oltre l'acqua e noi, in questo caso, siamo i pesci (se restiamo nella coscienza di Terza Dimensione). Il nostro Universo è semplicemente una superficie tridimensionale incorporata in un Superuniverso più grande, con undici dimensioni spaziali, e noi ci muoviamo contemporaneamente su tutte.

Certo, la mente ti starà dicendo che è impossibile, ma tu vuoi venire nella multidimensione con me? Vuoi vivere nel campo delle infinite possibilità? O vuoi sopravvivere nell'inganno dell'ego? A te la scelta, fratello.

«Ottimo è quel maestro che, poco insegnando, fa nascere nell'alunno una voglia grande di imparare» (Arturo Graf).

Adesso vorresti sapere proprio tutto sulla multidimensione, vero? Ma se ti dicessi che ora sarebbe disfunzionale per te, mi crederesti? Certo che mi credi, o non avresti nemmeno comprato il libro. Saresti rimasto in panciolle tutta la vita a credere che la Terza Dimensione sia l'unica che esiste, fuori così come dentro di te.

A fine libro comprenderai perché scelgo di indicarti solo la via, senza spiegartela troppo. Sbaglierei se adesso mi dilungassi nelle spiegazioni. Qualcosa però è già il momento di dirtela, proprio ora.

Ricordi che i Maya segnarono la fine del mondo in data 21 dicembre 2012? Probabilmente lo ricordi, ebbe un impatto mediatico incredibile! Ma la domanda che voglio farti è: ti sei accorto che il mondo è finito per davvero? Se sì, scrivi nel tuo diario in che senso "il mondo è finito per te".

Ebbene sì, il mondo quel giorno finì per davvero. L'Araba Fenice risorse dalle sue ceneri il 21 dicembre 2012. Era morta per rinascere a Nuova Vita o, ancora meglio, a Nuova Era. L'Universo dettò una nuova legge: da esseri tridimensionali a esseri multidimensionali.

Sul piano energetico, l'umanità era pronta per effettuare il grande salto quantico, solo che in molti non se ne accorsero (e, parliamoci chiaro, molti non se ne sono accorti ancora adesso!). Di certo "la cultura di massa" non ci ha aiutati in questo meraviglioso processo, anzi, detto chiaramente, i potenti hanno ben nascosto questa Nuova Legge Universale per tenerci nell'oscurità.

"I potenti", almeno prima del 2012, e taluni ancora oggi, erano puro ego, pura mente. Il potere è mio, a discapito di tutti gli altri. Per dirla con i Romani, *mors tua vita mea*. Be', caro fratello, chi ragiona ancora così è spento sul piano energetico. Può avere milioni sul conto in banca ma, per le nuove energie e la Nuova Era, può essere un totale perdente, un fallito nel vero senso della parola, se resta nel puro ego.

E io voglio che tu sia un vincente, un Essere Multidimensionale. Come esserlo? Be', io ti indico solo la via, ma sarai tu a scoprire e percorrere la tua strada.

Ma cosa significa esattamente fare il salto quantico?
Forse l'ho dato un pochino per scontato finora, ma è stato anche voluto. Devi vincere la tua frenesia "di avere dati, spiegazioni". Ci stiamo allenando a usare il cervello del cuore, quindi a sentire. Devi fidarti più di quello che senti, e di te stesso.

Ma ora è giunto il momento di spiegarti brevemente e in modo semplice cosa significa effettuare il salto quantico. Partendo dal presupposto che tutto è energia, mettiamo il caso che tu sia un elettrone. L'elettrone, quando vuole cambiare la sua orbita intorno all'atomo, quindi modificare la realtà ed effettuare il salto quantico, emette fotoni, che sono altre particelle di pura energia e luce.

Quindi l'elettrone, per effettuare il salto quantico, emette semplicemente una nuova energia con nuove vibrazioni. Per noi, proprio come lui, modificare la nostra realtà significa esattamente questo: emettere una nuova energia, con più alte frequenze e vibrazioni. Questo significa effettuare il salto quantico.

Ti faccio meditare e visualizzare mica per farti perdere tempo!
A proposito di frequenze e vibrazioni, il motivo per cui ti faccio meditare e visualizzare è naturalmente, come tutto quello che facciamo, puramente scientifico. Le nostre connessioni cerebrali, grazie alle sinapsi che legano i neuroni, sono pure scariche elettriche, quindi di energia.

Effettuare il salto quantico significa anche andare a modificare tali frequenze per potere, di conseguenza, modificare la nostra realtà interna ed esterna.

Le frequenze cerebrali cambiano a seconda di quello che stiamo facendo e sono divise in range di frequenze.
1. Epsilon (0,1-0,5 Hz). Scoperte di recente, sembrano fare da ponte alle frequenze Lambda e, come esse, sono connesse a stati mistici di unità con l'Uno, il Tutto.

2. Delta (0,5- 4 Hz). Emesse durante il sonno profondo, sono legate ai processi di guarigione e rigenerazione.
3. Theta (4- 8 Hz). Emesse durante la fase del sonno REM, cioè quando stiamo sognando.
4. Alpha (8-12 Hz). Emesse quando "sogniamo a occhi aperti", siamo molto ispirati o immersi in un'attività creativa
5. Beta (12-40 Hz). Le emettiamo durante le nostre abituali attività quotidiane.
6. Gamma (40-100 Hz). Emesse durante stati di estasi e profonda compassione.
7. Lambda (100-200 Hz). Emesse durante esperienze mistiche e fuori dal corpo. Sono connesse all'Uno.

Meditare, entrare in connessione con noi stessi è fondamentale, a livello scientifico, per modificare le nostre frequenze e creare nuovi piani di realtà, restando nel qui e ora, cioè nell'unica dimensione temporale realmente esistente. Ecco perché, mentre entriamo in stato meditativo, ci accompagniamo con musiche a particolari frequenze, per plasmare noi stessi e automaticamente la materia circostante.

Ad esempio, le musiche a 528 Hz sono utili per armonizzare e addirittura modificare la struttura del nostro DNA. Erano usate già dagli antichi guaritori e sciamani.

Questo tipo di frequenza è chiamata "dei miracoli", quindi ti consiglio di sintonizzarti spesso sui 528 Hz, proprio per allinearti con la spiritualità e il nostro naturale e infinito potere. Ricorda: scienza e spiritualità sono la stessa identica cosa, ecco perché i miracoli sono pura scienza manifesta!

Dai, adesso dimmi almeno come piegare la Quarta Dimensione lungo la Quinta

Noi siamo fatti di tre dimensioni spaziali: altezza, larghezza, profondità, e a queste ne andrebbe aggiunta un'altra: il tempo. Come però dimostra la fisica quantistica, le dimensioni spaziali intorno a noi sono ben dieci, e i quark, quelle particelle inscindibili che formano i neuroni e i protoni, sono un insieme di filamenti di pura energia, e la teoria delle siringhe formulata dalla fisica stessa sostiene e dimostra che, riuscendo a manipolare questa energia, noi abbiamo la possibilità di creare la materia che desideriamo.

I quark sono filamenti di energia simili a corde (da cui prendere il nome la teoria) e ognuna di queste corde vibra in modo diverso: in base al "tono di vibrazione", i filamenti di energia producono particelle diverse. Questo dimostra che siamo co-creatori i quali, per ascendere alle altre dimensioni e plasmare la materia, devono semplicemente aumentare le loro frequenze.

Lilù è arrivata fino alla Fiamma, cioè alla dodicesima dimensione, ecco perché lei crea con la luce e grazie a Eros con "estrema facilità". Ti ho semplificato volutamente la spiegazione della fisica quantistica, e al momento questi dati ci sono sufficienti.

Nella Quarta Dimensione, siamo molto più coscienti. Oltre l'inganno dell'ego, sappiamo che tutto è energia e che siamo co-creatori in grado di plasmare a nostro piacimento noi stessi e la realtà che ci circonda.

Ma solo accedendo alla Quinta Dimensione entriamo in quel campo oltre lo spazio e il tempo, chiamato "punto zero", in cui abbiamo accesso al *campo di infinite possibilità*, dove possiamo scegliere la nostra realtà e creare tramite la luce anziché la materia, proprio come accade nel film *Il quinto elemento* (Quinto Elemento, Quinta Dimensione). Per accedere alla Quinta Dimensione, dobbiamo allenarci proprio come in tutte le cose. Ma più che di AllenaMente, qui parliamo di AllenaCuore.

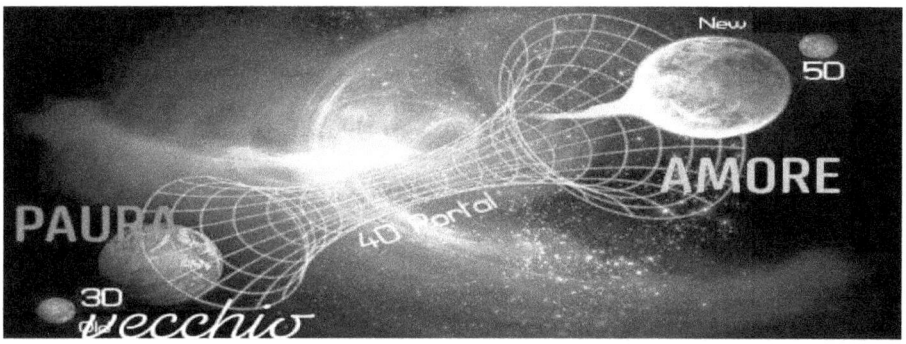

Ebbene sì, perché il nostro cuore, come già sappiamo, vibra a frequenze molto più alte rispetto al cervello della mente, ed è quindi lui che, grazie alla sua forza e alla sua visione superiore, può condurci a "giocare nella Quinta Dimensione" per piegare la Quarta alla nostra volontà di maghi, streghe e co-creatori.

Come allenare il cuore lo scoprirai nel prossimo capitolo, che sarà estremamente pratico. È tempo di allenare la magia che vive in te.

Voglio sapere ancora qualcosa sulle Dimensioni Superiori!
La felicità è uno stato di coscienza. Lo so, lo so che vuoi sapere di più sulla multidimensione, infatti ti sto rispondendo. Sentire che non siamo solo Terza Dimensione, ti porta automaticamente alla felicità, in quanto ti riconnetti al tuo Sé, superando l'inganno dell'ego. E dove sta il tuo Sé, il tuo Io più profondo, secondo te? Ascoltati e rispondi per iscritto nel tuo diario.

Qualsiasi cosa tu abbia risposto, bravissimo. Il tuo Sé, inteso come la tua pura essenza, risiede nella dodicesima dimensione. Noi stiamo vivendo contemporaneamente su più dimensioni e credere di vivere solo nella Terza è ovviamente un inganno dell'ego. Se vuoi essere felice, devi appunto sentire di essere tutte queste dimensioni e tornare all'origine di ciò che sei: un essere divino e multidimensionale.

La Prima Dimensione è semplicemente il regno minerale. La coscienza della Prima Dimensione umana è inconscia per i i nostri cinque sensi fisici. È la porta tra macrocosmo e microcosmo.

La Seconda Dimensione è la coscienza a livello biologico che dirige il sistema nervoso autonomo a regolare e mantenere le funzioni di supporto vitale.

La Terza, la Quarta e la Quinta dimensione già le conosci. Nella Quarta Dimensione la percezione del passato, del presente e del futuro diviene più fluida. Quando dormiamo, siamo inconsci della Terza Dimensione ma diventiamo consapevoli della Quarta. Usando i nostri corpi astrali quadridimensionali abbiamo accesso al sogno, all'intuizione, alla magia, alla creatività. In questa dimensione esiste ancora la polarità (polarizzare è l'atto di dividere qualcosa in due stati completamente separati) di luce e oscurità, quindi a questo livello è possibile sperimentare ancora energie negative.

Solo nella Quinta Dimensione troviamo la dimensione della Coscienza d'Unità. Non c'è tempo e spazio a questo livello, ma è ancora presente una leggera sfumatura del Sé. Questa è la dimensione dell'amore incondizionato.

La Sesta Dimensione è come un tappeto magico che può portarti in altri posti dell'Universo. Un po' come se fosse il tappeto di Aladin.

La Settima Dimensione è la Superanima dove si prende totale coscienza dell'Uno, mentre l'Ottava è il luogo dell'eternità, dove l'anima si espande oltre ogni cosa tangibile e definibile. A questo livello ottieni la percezione dell'eternità e della natura infinita dell'anima.

Nella coscienza di Nona Dimensione l'anima si manifesta nella sua prima forma individualizzata, è nata tramite il processo di morte/trapasso.

All'interno della Decima Dimensione possiamo comunicare con la Creazione stessa attraverso il suono e la vibrazione di pura energia.

L'Undicesima Dimensione è quella in cui siamo l'Elohim Stellare, un puro fascio di luce che viene proiettato dalla fonte per animare le dimensioni sottostanti.

Nella Dodicesima Dimensione siamo l'Ultimo Sognatore, il creatore stesso. Siamo pura coscienza integrata, esistenza semplicemente pura.

Tornando a *Il quinto elemento*, Lilù è come siamo noi nell'Undicesima Dimensione, un unico Uno con la sorgente, cioè i detentori della Forma del Multiverso. Il nostro Elohim Stellare ha voluto espandersi mandando molte parti di se stesso fuori, nel Multiverso, per sperimentare la vita negli innumerevoli mondi e dimensioni.

Questo processo di frammentazione assomiglia a una stella che espelle dei pianeti affinché la circondino. Ecco cosa siamo noi. E il potere che abbiamo quando ci risvegliamo, cioè quando prendiamo consapevolezza di chi siamo veramente: esseri divini e multidimensionali in grado di plasmare noi stessi e il mondo che ci circonda tramite Eros e la luce. E quanta felicità nasce da tutta questa consapevolezza, naturalmente.

Esercizi pratici
Sei pronto per depotenziare la mente mentre attivi il quarto chakra, Anahata, corrispondente al cuore e il cui verbo è "Io sono, io amo, io esisto".

Attivare il quarto chakra significa trascendere l'ego e collegare la materia allo spirito in perfetto equilibrio e armonia. Significa fare un salto di frequenze e vibrazionale. Un quarto chakra attivo ci porta a essere creativi, maghi, streghe, inventori.

"E amore incondizionato fu"
Nel fare questo esercizio, devi sdraiarti a terra e inchinarti alla Luna. Ragione per cui devi farlo in tarda serata/notte/alba. Fallo in una notte in cui la Luna è nuova, piena o crescente. C'è una maggiore energia.

Devi rivolgerti verso la Luna con il corpo e inchinarti a lei. È un momento di grande sacralità e gratitudine. La Luna è la nostra eterna madre, colei che regola ogni cosa, persino il ciclo di morte e rinascita.

Questa meditazione non richiede parole. In verità, le parole non "servirebbero" mai, ma non siamo ancora pronti per eliminarle del tutto. Un giorno, nemmeno lontano, utilizzeremo prevalentemente i simboli.

Torniamo alla nostra amata Luna. Devi semplicemente inchinarti a lei e lasciarti pervadere da una profonda, immensa sensazione di gratitudine. Se non ci riesci naturalmente, ricorda un momento della tua vita in cui ti sei sentito profondamente grato e ancora quella sensazione. Poi amplificala più che puoi.

Lascia poi che la gratitudine si espanda in te, sempre di più. Lasciala scorrere sempre più forte. Abbandonati a uno stato di amore e gratitudine assoluti, mentre ascolti solo il richiamo della Luna e i suoni di Madre Natura che ti circonda. Sei beato per il semplice fatto di esistere, per l'immenso dono che ti è stato dato.

Resta in quello stato di amore incondizionato per diversi minuti, fino a quando senti di aver raggiunto "il massimo livello di beatitudine". Poi, con calma e restando in uno stato di assoluta rilassatezza, mettiti in piedi e fai l'ultimo saluto alla Luna, rivolgendole uno sguardo d'amore infinito. Esprimile delle parole solo se lo senti strettamente necessario e, sempre restando in uno stato di gratitudine, puoi andare via.

Prova di coraggio
Sarà un attimo pieno di sacralità. Proverai l'amore incondizionato.

Dovrai abbracciare una persona che ami della tua famiglia, meglio ancora se siete in conflitto (non ti auguro il conflitto, sia chiaro, ma nel caso in cui stessi vivendo questa situazione, con un semplice e immenso gesto la risolviamo velocemente).

Ti avvicinerai in un momento qualsiasi, quando l'altra persona non se lo aspetta, e la stringerai forte al tuo petto, sussurrandole: «Grazie, ti voglio tanto bene. Sei un dono nella mia vita. Sei un dono immenso e io te ne sono grato. Grazie con tutto il mio cuore».

Una frase semplice semplice, vero? Ma è un gesto così difficile da fare, almeno per molti. E se sei uno di quelli, sarò ancora più orgogliosa di te perché so che ci riuscirai. Ne sono certa. Il tuo cuore è pronto a diventare impavido. Sono tanto orgogliosa di te, fratello. Grazie con tutto il mio cuore.

Una volta vinta la tua prova di coraggio, puoi passare al quinto capitolo, in cui partiremo con un AllenaCuore intensivo.

RIEPILOGO DEL CAPITOLO 4:

- SEGRETO n. 1: La separazione è un puro inganno della mente. Come ormai la fisica quantistica ha dimostrato con certezza, tutto è Uno.
- SEGRETO n. 2: Tornare alla nostra coscienza integrata significa prendere consapevolezza che siamo la Matrice Divina stessa. Significa aver trasceso totalmente la mente la quale, per definizione, mente.
- SEGRETO n. 3: Meditare è un allenamento fondamentale, in quanto ci permette di ri-connetterci al qui e ora, che è l'unica dimensione temporale realmente esistente. Entrare in uno stato meditativo ci permette contemporaneamente di depotenziare la mente, potenziare il cuore e connetterci alla nostra anima.
- SEGRETO n. 4: Oggi il trucco per essere delle persone vincenti è essere multidimensionali, cioè trascendere la mera Terza Dimensione, cioè quella che la mente crede essere l'unica realtà esistente. Noi siamo il tutto contemporaneamente. Noi siamo l'Uno.
- SEGRETO n. 5: Manifestare la felicità è il primo obiettivo della nostra coscienza. Troppe persone ancora associano lo stato di felicità a un qualcosa di transitorio in quanto legato a cause

esterne. La felicità è, in verità, un naturale stato di coscienza, la verità della nostra anima.

Capitolo 5:
Come potenziare il tuo cervello cardiaco

> «Non è vero che il cuore si trova nello stesso punto in ognuno di noi.
> In alcuni è a pochi centimetri dall'Ego,
> in altri a pochi centimetri dall'Anima».
> *Fabrizio Caramagna*

Ovunque adesso si trovi, è tempo di spostare il tuo cuore accanto all'anima. Questo significa essere in armonia, essere vincenti e poter raggiungere efficacemente gli obiettivi senza perdere di vista la propria essenza più profonda.

Ancora troppo spesso si associa il raggiungimento di un obiettivo alla felicità. Tantissimi trainer ti mandano il messaggio "raggiungi il tuo obiettivo e sarai felice", ma questa è pura ignoranza. Nel prossimo capitolo tratteremo meglio l'argomento.

Partiamo con la leggenda di Amore e Psiche, per iniziare il nostro AllenaCuore. Un tempo, un re e una regina avevano tre bellissime figlie. La più piccola delle tre, Psiche, era di una grazia tale da attirare l'invidia di Venere, la dea della bellezza, la quale, per vendicarsi, chiese a suo figlio Amore (Cupido) di colpirla con una freccia e farla innamorare dell'uomo più brutto e sciagurato della Terra.

Amore accettò ma, una volta davanti a Psiche, si rese conto di amarla a tal punto da colpirsi da solo con una delle sue frecce. Per vivere il suo amore mortale, il dio, di nascosto dalla madre, portò Psiche nel suo palazzo senza rivelarle la sua identità. Ogni sera, al calar del sole, Amore andava dalla fanciulla ma lei non doveva mai guardarlo. I due vivevano intensi momenti di passione e amore puro.

Un giorno, le due sorelle di Psiche la raggiunsero a palazzo e le chiesero come fosse suo marito, oltre a essere evidentemente molto ricco. Lei rispose loro che non lo aveva mai visto e le sorelle, travolte dall'invidia, le misero il dubbio che fosse un mostro.

Così Psiche, una notte, si avvicinò al suo amato con una lampada per poterlo guardare e rimase folgorata dalla bellezza del suo amante, desiderandolo ancor di più. Ma una goccia bollente d'olio della lampada cadde sul suo Amore, il quale scappò via abbandonando la fanciulla.

Quando Venere venne a sapere l'accaduto, scatenò la sua ira sulla fanciulla, la quale fu sottoposta a difficilissime prove. La principessa superò in modo brillante tutte le prove, ma mancava l'ultima, la più difficile: doveva recarsi negli inferi e chiedere a Proserpina un poco della sua bellezza.

Come ordinatole dalla dea, Psiche si recò negli inferi ma, nonostante le fosse stato ordinato di non aprire l'ampolla donatale da Proserpina, ella non resistette alla curiosità e l'aprì, fallendo la prova. Psiche cadde così in un sonno profondo, ma Amore, travolto dalla nostalgia e dal dolore, andò dalla sua amata e la risvegliò.

Per non rischiare di perderla di nuovo, Amore condusse Psiche all'Olimpo dove, grazie all'aiuto di Giove, la giovane principessa divenne una dea immortale.

Dal loro amore nacque una splendida bambina che prese il nome di Voluttà, il cui significato del nome la indica come il femminino di

Eros, quella pulsione viscerale e immediata legata al soddisfacimento del piacere.

Bellissimo mito, vero? Che riflessioni ha fatto scaturire? Che sensazioni provi nel leggerlo? Riportale nel tuo diario.

Qualsiasi cosa tu abbia risposto, grazie. Posso dirti ora come interpreto io il mito. Psiche è la mente. Amore è il cuore. Sei d'accordo? Riflettici un attimo, prima di proseguire nella lettura.

La mente ha bisogno di prove, di "toccare con mano" per credere in qualcosa o in qualcuno. Psiche ha sempre cercato conferme. Il cuore no. Amore no. Il cuore "sente" prima ancora di vedere e di conoscere. Lui è sapiente, la mente è colta.

Il "problema" è che, ancora oggi, la maggior parte dei colti (il classico individuo medio formato nelle università o, per meglio dire, indottrinato nelle università, e questa vuole essere una critica costruttiva) non è per nulla sapiente, quindi conosce senza sapere veramente.

Infatti, alla fine del mito è Amore a salvare Psiche e non viceversa. In questa Nuova Era dobbiamo abbandonarci al sentire, alla forza del cuore.

La via della strega e del guerriero
«Mai riporre la vostra speranza in un principe. Se avete bisogno di un miracolo, riponete speranza in una strega» (Catherynne M. Valente).

Bruciata. Umiliata. Derisa. Allontanata. Incompresa. Diversa. Coraggioso. Temerario. Onesto. Spirito bambino. La strega e il guerriero. Due destini intensi, legati dalla ricerca della verità e dall'amore puro, di cuore. Una coppia di ribelli, insomma.

E tu ti sei mai sentito così? Mi auguro davvero di sì per te, con tutto il mio cuore. Scrivi nel tuo diario se ti riconosci nella strega o nel guerriero. Se la risposta fosse no, scrivi di una volta in cui ti sei sentito diverso dagli altri, come se fossi stato chiamato a "qualcosa più grande di te". Alla fine aggiungi: «Sono grato. La mia diversità è la mia virtù. Grazie con tutto il mio cuore».

Si parte!
Ottimo, ora può iniziare il nostro AllenaCuore. Se sei già una strega o un guerriero, alla grande, andremo solo a potenziarti. Nel caso in cui ancora non lo fossi, significa che ancora temi il giudizio degli altri, quindi significa che hai paura del potere che vive dentro di te, della tua essenza più vera e profonda.

Devo darti una bellissima notizia: siamo tutti streghe e guerrieri in quanto siamo tutti co-creatori, cioè esseri multidimensionali. A qualunque posto tu sia della tua crescita, ripensa a una volta in cui un giudizio è stato particolarmente difficile per te, a una critica molto dolorosa.

Bene, ora facciamo un esercizio che potrai fare ogni volta per "pulirti" dalla spiacevole sensazione di non sentirsi accettati/giudicati. Questo può capitare anche alla più grande delle streghe e al più potente tra i guerrieri.

Con amore, ciak si gira
Questo rito di purificazione è veloce, rapido e indolore. Prenditi dieci minuti sacri, solo per te. Respira profondamente, siediti

comodo con le mani poggiate sulle cosce e i palmi rivolti verso il cielo. Chiudi gli occhi e torna al momento in cui quella determinata persona ti ha giudicato o fatto molto male.

Dato che tu sei una strega o un guerriero (non puoi essere entrambe le cose, quindi non farti strane idee!) hai il potere di modificare completamente la realtà. Torna all'inizio di quel momento, due secondi prima che quella persona ti ferisse.

Ottimo, ora cambia lo scenario. Stravolgilo. Cambia le cose che vi direte, crea un'altra scenetta, ovviamente piacevole e divertente. Crea un altro film, ora sei pure regista. Goditi la scenetta e vivila a pieno più che puoi. Entra in tutte le belle sensazioni che provi nel vivere questo nuovo film, l'unico scenario possibile ormai. Sii un regista generoso. Riempi il tuo film di dettagli e amalo profondamente, con immensa gratitudine.

Dopo aver goduto della piacevole scenetta, apri gli occhi e, mantenendo la testa dritta, rivolgi lo sguardo al cielo più che puoi, come se stessi dormendo, fino a "girare gli occhi". Questo ti permetterà di connetterti al tuo inconscio e al tuo Sé (il tuo essere divino) contemporaneamente. Tieni gli occhi girati all'insù per dieci secondi e alla fine ripeti ad alta voce e con gratitudine: «E così sia!»

Dopo aver pronunciato le parole magiche, torna alla tua vista normale, scrollati e goditi le sensazioni di profondo benessere che sentirai, portandole con te per il resto della giornata. Ottimo, esercizio finito. Potrai farlo ogni volta per ripulirti a livello energetico da una situazione che ti ha fatto male e che non sei riuscito a lasciar andare.

Il potere nasce dalle mani
«Spiderman è semplicemente l'essenza di ognuno di noi che si manifesta» (Giulia Moratti).

Nei miei corsi, tra le altre cose, faccio già allungare le dita alle persone, vuoi che mi impressioni di fronte a Spiderman? Dai, è un principiante. Una cosa sa fare molto bene: usare le mani. E dicendo questo spero che metterai a tacere la tua inopportuna mente maliziosa!

Ebbene sì, il potere nasce proprio dalle mani. L'energia si trasmette proprio da lì, devi immaginarla come un flusso che va dall'interno verso l'esterno e viceversa, basta canalizzarla. E ne abbiamo milioni e milioni di esempi.

Chi dà forza alle mani? Be', ovviamente il nostro cervello più potente, il cuore. Tra le altre cose, faccio anche cerimonie di attivazione del cuore per potenziarlo, ma la magia è qualcosa di innato che abbiamo già dentro di noi. Ti ingannerei se ti dicessi che hai bisogno di una cerimonia per diventare ciò che già sei, ma è anche vero che i riti di iniziazione servono per potenziarci, e anche in questo abbiamo mille e mille esempi, pure tratti dai film.

Nel corso del libro abbiamo già fatto diversi AllenaCuore, quindi consideriamola la nostra cerimonia di attivazione. Sei super pronto per iniziare a sviluppare il tuo potere, partendo dall'energia nelle mani.

Con le mani si crea, si inventa, si sogna. Sono la spada del guerriero e la bacchetta magica della strega. Sono un potente ricevente e trasmettitore di energia. E per imparare ad "usarle", dobbiamo allenarci a riconoscere il flusso che scorre dall'interno verso l'esterno e viceversa. Prima di iniziare questo AllenaCuore, ricordati che l'ingrediente fondamentale è e sarà sempre la gratitudine. Consideriamola come lo zucchero per la torta: vitale.

Fai tre respiri profondi, cioè usa il diaframma, e prova un senso di profonda gratitudine dentro di te. Se "non ti viene naturale", ripensa a una volta nella tua vita in cui ti sei sentito profondamente grato e ancora quelle sensazioni. Lasciale scorrere dentro di te. La gratitudine è la chiave di volta per tutto, l'ingrediente fondamentale. Ricordalo sempre. In uno stato di profondo amore e gratitudine, alleniamo le nostre mani tramite il cuore.

Om Ian Om
Anziché con Bibidi Bobidi Bu, noi iniziamo ad allenare la nostra magia con Om Ian Om. Adoro la fatina di Cenerentola, ma ormai è anni Ottanta, un po' antica! Noi siamo streghe e guerrieri moderni! Questo è l'ultimo esercizio con cui ora ti devi allenare, poi partiremo con l'AllenaCuore intensivo.

Ottimo, torniamo alla nostra formula magica. Om Ian Om. La

vibrazione Om è il potere proiettato della Coscienza Suprema nel quale tempo, spazio e forze cosmiche compongono il piano della natura primordiale. Da Om si proiettano quelle forze causative che sono l'origine stessa dell'Universo.

Pronunciare, cantare l'Om, rimuove l'attenzione dalle condizioni esterne e conduce al risveglio della conoscenza del Sé, cioè della nostra parte più spirituale e immortale, della nostra naturale magia. Lo Ian, invece, è la vibrazione di Anahata, il chakra appunto del cuore, e risvegliarlo, attivarlo significa appunto sprigionare la magia che vive in noi. Con l'Om inspiriamo la forza, il risveglio, l'illuminazione, la profonda consapevolezza del nostro essere divini e potenti, con Ian la spigioniamo tramite le mani.

La meditazione può durare quanto vuoi, dai cinque minuti in su, fino a quando senti di aver raggiunto l'apice dell'energia. Devi metterti seduto con i piedi appoggiati a terra e le mani appoggiate sulle cosce, con i palmi rivolti all'insù. Una volta comodo, parti con la tua formula magica, ripetendo Om Ian Om fino alla fine della tua meditazione, al ritmo e all'intensità che senti tuoi.

Mentre inspiri, dici Om e tiri su le spalle. Lascia che tutta la forza dell'Universo ti pervada. Mentre dici Ian, abbassa le spalle ed espira visualizzando tutta la magia che dal tuo corpo arriva fino alle mani, le quali la sprigionano nel mondo esterno e viceversa. Sentirai le mani formicolare o molto calde, e questo è perfetto. La magia è in te!

Questa è una vera e propria cerimonia d'iniziazione del tuo cuore, l'AllenaCuore di un vero guerriero e di una grande strega d'amore.

Adesso ti mando tutto il mio amore!
Possiamo inviare energia di amore e guarigione tramite le mani. Questa è la magia che la fisica quantistica ha dimostrato molto bene. Ricorda, scienza e spiritualità sono la stessa identica cosa.

Possiamo fare anche molto di più, ad esempio modificare parti del nostro corpo e molto altro, e questo potrai scoprirlo e viverlo in prima persona ai miei corsi, in particolare all'evento "Risvegliati, Mago Merlino".

Torniamo al potere delle mani. Come inviare energia piena di amore a qualcuno? Considerando che siamo pura energia e che la distanza, così come la separazione, è solo un inganno mentale, possiamo mandare energia anche a qualcuno che si trova dall'altra parte del mondo. Per farlo, dobbiamo essere semplicemente profondamente grati e pieni di amore nel cuore.

Segui queste procedure:
1. Trova uno spazio tranquillo in cui non essere disturbato.
2. Fai dei respiri profondi per calmare la mente e ripeti a te stesso il nome e cognome della persona alla quale stai inviando energia guaritrice. Per facilitare la concentrazione, premi il centro dei palmi delle mani con il pollice per alcuni secondi.
3. Strofina le mani tra di loro con un movimento circolare, fino a quando riesci a sentirne l'energia. Devi sentire formicolio o calore.
4. Trasforma questa energia in una sfera e visualizzala. Dalle un colore in base al tipo di energia che vuoi mandare. Ad esempio, di colore blu se è per la guarigione emotiva, arancione per la guarigione fisica, verde per la guarigione del cuore ecc.
5. Mantieni l'attenzione sulla tua sfera, facendola diventare più forte e potente a ogni tuo respiro.

6. Quando la tua sfera è vibrante e forte, inviala alla persona prescelta (può essere anche un animale) e visualizza la persona alla quale la stai inviando che beneficia del tuo dono.
7. Non è necessario dire alla persona che le stai inviando l'energia, è assolutamente una libera scelta. L'importante è che mentre la mandi tu sia pieno di amore e gratitudine nel cuore.

Siamo tutti interconnessi, tutti Uno. Un gesto di amore per qualcuno è un gesto di amore per te stesso. Questo è un esercizio scientifico, magico e potente. Usalo ogni volta che senti nel tuo cuore di volere aiutare qualcuno a vibrare a frequenze più alte e sentirsi meglio.

La via del guerriero/strega: il tuo AllenaCuore è adesso
Nota importante: l'AllenaCuore, in quanto tale e non AllenaMente, non richiede regole o schemi precisi, né ha una tempistica. Il cuore, come ormai sappiamo, è il nostro cervello più potente e la migliore via per armonizzarci è proprio allenarlo al "sentire e percepire".

Ti darò solo alcune dritte, ma il resto spetterà solo ed esclusivamente a te. Il tuo AllenaCuore dovrà semplicemente essere un nuovo modo di vivere e dovrai acquisirlo fino a quando per te diventerà il tuo normale modo di essere. Regole importanti del tuo AllenaCuore:

1. Nei periodi in cui ti senti particolarmente "mentale", cioè preda di pensieri disfunzionali, giudicanti e ripetitivi, non puoi mangiare carne. Non ti sto dicendo di diventare vegetariano, anche se a mio parere è un'ottima filosofia di vita, oltre che salutare, ma, in certi periodi, per almeno un mese, elimina del tutto la carne, perché devi ripulirti a livello energetico e nutrirti di carne animale ti intossica parecchio e ti attiva la mente come naturale e scientifica conseguenza. Pensa ad esempio ai macelli. A tutta l'energia di dolore e paura che emettono le sacre creature prima di venire uccise. Tutta quella bassa energia noi la assorbiamo. Questo dovrebbe convincerti a eliminare la carne il più possibile.

2. Quando dialoghi con qualcuno, assumitene sempre la responsabilità. Allena costantemente un linguaggio multidimensionale. Sei tu che devi adattarti alla persona che hai davanti e l'unico modo che hai per farlo è di essere malleabile e autentico. Ricordati anche l'importanza del linguaggio non verbale. Guarda sempre negli occhi le persone con cui parli,

restando nel qui e ora, cioè provando nel tuo cuore un autentico interesse, e fai che la tua postura sia sempre aperta e protesa verso la persona che hai attirato a te, e che hai il dovere di rendere felice in quel momento.
3. Ogni volta che non sei riuscito a essere multidimensionale, cioè quando una situazione/persona ti infastidisce e ti rende nervoso/triste/adirato (ogni volta che tu permetti questo, gli altri sono solo proiezioni, non hanno vero potere su di te) usa la tecnica "Ciak, si gira" per ripulirti a livello energetico.

Ottimo, semplici regole ma fondamentali. Ora, ti ricordo che il nostro è un AllenaCuore, non un AllenaMente, quindi non sarà un programma dettagliato. Sarà solo una ri-programmazione, in particolare del tuo cuore, per potenziarlo, e l'obiettivo è sempre essere multidimensionale.

Ti darò adesso semplici suggerimenti di vita. Attuali in modo costante, così diventerà per te un costante modo di essere e di vivere.

Ti capiteranno ogni tanto quelle giornate che "proprio sei nella mente e non sai come uscirne"! Ottimo, questo è il punto. Non devi uscire da nulla, devi solo rientrare in te stesso e armonizzarti. Se hai vissuto una giornata SoloMente, quindi a bassa energia, fai questo esercizio prima di dormire, è utilissimo per farla tornare a essere tua alleata e compagna di viaggio.

Con la testa ben dritta, rivolgi gli occhi al cielo fino a girarli come già sai, in modo da comunicare con il tuo inconscio e il tuo Sé contemporaneamente, e ripeti a te stesso: «Ti ringrazio, mente, sei parte di me e ti ringrazio con tutto il mio cuore. Adesso sono e sarò sempre io a guidare te. Grazie con tutto il mio cuore».

Ripetilo per tre volte, ogni sera che lo ritieni necessario. E riporta sempre sul tuo diario le sensazioni/emozioni che provi dopo aver fatto l'esercizio. Scrivere è il metodo migliore di auto-osservazione. Fai che diventi in generale qualcosa di assolutamente automatico e naturale. Questo è un ottimo AllenaCuore.

Quando invece senti di "essere tutto cuore", cioè vibri ad alte energie e comunichi efficacemente con te stesso e con gli altri, la sera prima di dormire, fai il solito esercizio con gli occhi rivolti all'insù fino a girarli, e ripeti a te stesso per tre volte: «Ti ringrazio cuore, sei la mia guida e il mio potere. Adesso sei e sarai sempre tu a guidarmi. Grazie con tutto il mio essere».

Per allinearti pienamente al tuo cuore e alla tua natura multidimensionale, puoi prendere l'abitudine di appendere dei post-it in casa, nel luogo di lavoro, in macchina, ovunque vuoi, con scritto, ad esempio: *Io sono tutto ciò che è*. Appendili più che puoi. E focalizza su di loro la tua attenzione ogni volta che puoi.

La fisica quantistica ci insegna che possiamo informare noi stessi, l'acqua, i cibi e gli ambienti in vari modi (oltre le persone che amiamo, ovviamente), ad esempio con parole gentili e d'amore. Le parole sono pura energia, come del resto lo siamo noi e tutto ciò che ci circonda, e sono in grado di modificare la struttura molecolare di tutto ciò che è. Ecco perché i post-it sono in generale un ottimo modo di "informazione".

Una sera fai un esperimento: metti due bottiglie di acqua fuori dal frigo su un tavolo neutro, dove non ci devono essere altri oggetti o scritte. Togli l'etichetta originale dalle bottiglie e su una appiccichi un post-it con scritto "odio", mentre sull'altra metti un post-it con scritto "amore". La mattina dopo bevi un sorso dell'una e un sorso dell'altra acqua. Potrai testare che l'acqua con scritto "amore" è molto più buona e quindi verificare la scientificità di quello che stiamo facendo.

La fisica quantistica ha dimostrato che parole di amore e gratitudine modificano la strutta molecolare dell'acqua, e lo stesso fanno parole di odio e disprezzo. In base a quello che "sente e percepisce", l'acqua si trasforma, e lo stesso accade a noi esseri umani. La scienza, anche questo, lo ha dimostrato perfettamente, proprio come puoi vedere nelle immagini.

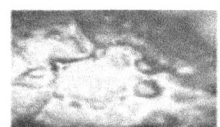
Molecola d'acqua prima di una preghiera

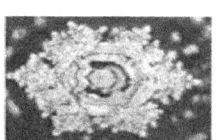
Molecola d'acqua dopo una preghiera

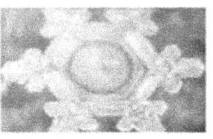
Grazie

Mi fai star male, ti ucciderò

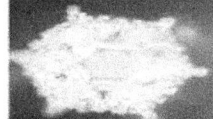
Amore e gratitudine

Con parole di amore e gratitudine possiamo persino modificare il nostro DNA. Prendi l'abitudine di informare più cose, cibi, e persone che puoi. Aumenta le tue vibrazioni, armonizza il tuo cuore e di conseguenza la tua natura multidimensionale, e il mondo cambierà con te, in quanto è solo una tua proiezione.

Ricorda, inoltre, che la svolta sta sempre in azioni pratiche e concrete. Poniti spesso le domande: Oggi, in che modo concretamente ho fatto del bene a me stesso o a qualcuno che amo? Quali dimostrazioni ancora non ho dato a me stesso e agli altri che renderebbero tutti ancora più felici? Cosa posso fare oggi per considerarmi più evoluto nel mio essere multidimensionale? E, a ogni domanda, deve seguire immediatamente un'azione concreta e piena di amore e gratitudine.

Questo è il tuo AllenaCuore. Questo è il manifestarsi della tua natura multidimensionale. Questa è la prima di tutte le magie.

Prova di Coraggio
"La mia risata vibra di pura Energia"
Tu hai una grande cuore, so che vincerai anche questa prova di

coraggio che coincide con il depotenziare la mente e attivare il tuo quinto chakra, Vishudda, localizzato appunto nella gola e il cui verbo è "Io creo, io parlo".

Attivarlo significa poter esprimere la verità di te stesso senza filtri, in tutta la sua purezza e meraviglia. E questo ti permette di accedere anche al tuo Sé più profondo.

Vai in una strada affollata, o in una metropolitana, o su un autobus, mettiti le cuffie e guarda sul cellulare qualcosa che ti provoca davvero delle risate "di pancia e di puro divertimento". Può essere la scena buffa di un film o qualsiasi cosa che faccia sorridere il tuo cuore. Lasciati andare, ridi di gusto, esagera, goditi il momento. Rompi gli schemi.

Ti sorprenderà vedere come la tua alta energia influenza gli altri, e vedrai molte persone scoppiare a ridere solo nel vedere te che ti stai divertendo. Sarà un momento speciale, da brividi. Lasciati andare. Ridi più che puoi. Ridi di più.

Lascia crescere le tue frequenze, stai in un'emozione ad alta energia. Sarà bello veder sorridere le altre persone, osservare il sorriso sul loro volto.

Ecco il tuo primo potere. Ecco la tua magia.

Ben risvegliato, Essere Multidimensionale.

Avanti tutta. Con amore.

RIEPILOGO DEL CAPITOLO 5:

- SEGRETO n. 1: Allenare il cuore non significa rifiutare la mente, altrimenti si entra di nuovo e ancora in uno stato di separazione. Bisogna semplicemente armonizzare e integrare tutte le parti di noi.
- SEGRETO n. 2: Le parole sono pura energia, ecco perché è fondamentale allenarsi a usare parole che siano ad alte vibrazioni. Bisogna manifestare sempre la propria gratitudine e il proprio amore, anche con parole abbondanti e generose.
- SEGRETO n. 3: La vera svolta risiede sempre nelle azioni, quindi in comportamenti che seguano sempre le parole dette, per non entrare in contrasto energetico e karmico.
- SEGRETO n. 4: Il DNA si modifica continuamente, e anche questo è stato dimostrato ormai con certezza dalla scienza. Questo ci conferma che siamo co-creatori in continuo mutamento.
- SEGRETO n. 5: Le mani sono il nostro più potente trasmettitore e ricevente energetico. Usiamole per abbracciare e per inviare energia positiva. Per farlo, dobbiamo essere in armonia con il nostro cuore. L'Universo non vede l'ora di trasmettere e donare ciò che il tuo cuore desidera.

Capitolo 6:
Come interpretare i segnali dell'universo

«Il soggetto mentale conquista i suoi obiettivi, senza manifestarli mai».
Giulia Moratti

Ebbene sì, non starò qui a farti una lezione di PNL su come raggiungere i tuoi obiettivi. Secondo la Programmazione Neuro Linguistica, gli obiettivi devono essere SMART, cioè specifici, misurabili, realizzabili, rilevanti e a scadenza temporale.

Non mi permetterei mai di sminuire nessuna scienza, anzi ognuna è fondamentale, ma di certo a oggi mi sentirei ridicola a parlarti di obiettivi in questo modo. Con il salto quantico che abbiamo effettuato, e grazie alle conoscenze di questa Nuova Era, mi ingannerei e ti ingannerei a parlarti di risultati in questo modo.

La PNL lavora solo sulla mente, e questo di per sé va benissimo, ma è insufficiente. Io non voglio solo che tu sia un vincente, voglio che tu sia anche felice, e una condizione non può escludere l'altra, a oggi. La felicità è uno stato di coscienza, significa cioè essere in connessione con la propria natura multidimensionale.

Un obiettivo di Terza Dimensione (materia) lo puoi raggiungere senza necessariamente essere felice, ma questo significa solo raggiungere uno scopo terreno, senza necessariamente raggiungere né la tua vera mission né la vera felicità.

Inoltre, se partissimo dal presupposto che per raggiungere un obiettivo ci deve essere una "scadenza di tempo", sarebbe un presupposto certamente utile per farti muovere in una determinata direzione, ma comunque illogico ed errato a livello scientifico, in quanto il tempo, così come lo spazio, sono solo illusioni dell'ologramma in cui viviamo.

Detto questo, non sto dicendo che dobbiamo essere poco concreti, non lasciamoci ingannare dalla mente, bensì esattamente il contrario. È tempo di essere molto più concreti e logici di quanto siamo stati fino a oggi. Vediamo le caratteristiche di un obiettivo nell'ottica di questa Nuova Era, in cui siamo pronti per ascendere alle altre dimensioni oltre la Terza. Detto in altri termini, siamo pronti per superare i paradigmi della materia, che oggi sarebbero ingannevoli e basta.

Cos'è un obiettivo?

«È meraviglioso come la forza degli obiettivi, così come l'audacia e l'energia della volontà, siano risvegliate dalla garanzia che stiamo compiendo il nostro dovere» (Walter Scott).

Un obiettivo è solo una scelta nel punto zero, nel campo delle infinite possibilità io scelgo di essere una cosa invece di un'altra, di manifestare un risultato invece di un altro. Non esiste il concetto "che non ho qualcosa che devo raggiungere", questo è un inganno della mente. Nulla è da conquistare o raggiungere. Tutto è da manifestare.

Fermo fermo fermo, ora forse la mente ti starà dicendo: *Sì certo, voglio vincere la maratona e devo comportarmi come se l'avessi già vinta!* Sintonizzati su un altro canale.

Adesso dai retta al cuore, sentilo, sta dicendo: *Mi comporto sempre come se avessi cose che non ho da sempre e per questo molti mi chiamano pazzo, eppure sono un grande vincente, forse il più grande di tutti i tempi!*

Dai però, non fare il maleducato! Ora presta un orecchio anche all'anima, ascolta cosa ti dice: *Sono l'insieme di voi due, più tutto il resto, compresa l'immortalità. Io sono l'obiettivo stesso.*

Ottimo, e ora a chi diamo retta? È vietato chiedere l'aiuto al pubblico o da casa, sappilo! Scrivi nel tuo diario a chi daresti ragione dei tre e perché. Riflettici bene.

Bravissimo. Allora, se hai dato ragione a uno dei tre, devi ricominciare a leggere il libro da capo. Sei bocciato. Mi dispiace. E dai, che scherzo. Però dico sul serio. Nessuno dei tre ha assolutamente ragione. Tutti e tre hanno ragione.

Procediamo per logica. Viviamo nella Terza Dimensione (materia uguale mente), ma siamo esseri multidimensionali, ed è appurato scientificamente che il cuore è molto più potente della mente e che l'anima è immortale (Dodicesima Dimensione e oltre) quindi dobbiamo trovare un equilibrio tra i tre, o meglio, l'armonia tra di loro, cioè la connessione perfetta. Diciamo che dobbiamo allenarli in contemporanea, questo significa manifestare un obiettivo: armonizzare mente, cuore e anima.

Fino agli anni Ottanta, diciamo anche agli anni Novanta, Eywa vibrava a frequenze più basse e noi con lei, quindi raggiungere un obiettivo era pura PNL, o quasi. Oggi non è più così. La parola "raggiungere" eliminala. Anche questa è riprogrammazione. Da adesso dirai "manifestare un obiettivo". *Voglio manifestare un obiettivo. Sto manifestando il mio obiettivo.*

Come si manifesta il mio obiettivo?
Manifestare un obiettivo significa mettere armonia tra mente, cuore e anima, in quanto nel manifestarlo dobbiamo anche essere felici. Felicità e gratitudine sono i due ingredienti chiave della nostra ricetta, del nostro successo. Il primo passo è depotenziare la mente, vincendo i suoi boicottaggi e i suoi inganni, così come le sue paure. In questo la PNL avanzata è un'ottima maestra, purché lavori sempre in coppia con la mente quantica.

In secondo luogo, bisogna allenare l'intuito e la verità del cuore, affinare il suo sentire, aumentare le sue frequenze. Infine, bisogna ascendere per connetterci all'anima e chiederle se l'obiettivo è davvero ecologico per noi, come si direbbe in Terza Dimensione, cioè se corrisponde alla nostra mission.

Mettere armonia significa non solo conquistare un obiettivo, ma anche manifestarlo, cioè essere felici e coerenti nel nostro Sé superiore.

Uno per tutti, tutti per uno!
Appurato che la separazione è un inganno, e che noi vogliamo essere logici, come metteremo armonia tra mente, cuore e anima? Con un metodo che fraziona e separa o che connette e unisce? Be', la risposta è davvero scontata, ma meravigliosa. Dobbiamo trovare un metodo, e come direbbero i tre moschettieri: *Uno per tutti, tutti per uno!* Diciamo che Athos è la mente, Porthos è il cuore e Aramis è l'anima. Devono gridare all'unisono il loro motto, nello stesso istante.

Come formulo i miei obiettivi?
Come prima cosa, restiamo tradizionali. Scriverlo è meglio, oppure incidilo nella mente. Gli obiettivi si formulano sempre in positivo

e devono sempre iniziare con "Io nome e cognome". Starai pensando: ehi mica sono scemo, mi ricordo come mi chiamo!

Mi piace scherzare un po' con te, lo sai. Ma è davvero molto importante che tu imprima la tua identità all'Universo, ecco dove unire PNL e mente quantica è fondamentale. Sul piano vibrazionale, diciamo che stai attirando l'attenzione e l'amore dell'Universo su di te.

Se hai scelto quel nome (prima di reincarnarci scegliamo la nostra famiglia così come il nome che ci verrà assegnato) significa che hai scelto un determinato tipo di energia. Dopo aver scritto e pronunciato il tuo nome, scrivi o imprimi nella mente chi sei o cosa hai già raggiunto e di cui sei molto grato.

Esatto, hai capito bene, manifestare un obiettivo significa scriverlo come se tu lo avessi già raggiunto, perché è così a tutti gli effetti, l'Universo non capisce se gli dici: «Voglio diventare il tennista numero uno al mondo entro fine aprile 2019». L'Universo ti guarda, sgrana gli occhi e ti dice: «Ehi, ma che ti sei bevuto oggi!»

Mettiamo appunto che tu voglia essere il tennista numero uno al mondo. L'obiettivo lo scriverai così: *Io sono Pipino il Breve e sono il tennista numero uno al mondo. Grazie con il cuore.* Oppure: *Io sono Alessandro Magno e peso settanta chili (se ad esempio adesso ne pesi novanta e vuoi perderne venti). Con amore e gratitudine.* O ancora: *Io sono Carolina di Spagna e sono una manager di successo (se ad esempio adesso sei una commessa e vuoi diventare una manager di successo). Con infinito amore.*

Potremmo andare avanti all'infinito, ma credo tu abbia compreso. L'obiettivo deve essere sempre:
1. Espresso in positivo (scrivo cosa voglio, mai cosa non voglio).
2. Compreso di nome e cognome.
3. Specifico, ma non troppo. I dettagli non servono, l'Universo non li riconosce.
4. Deve sempre concludersi con una parola di amore (grazie; con gratitudine; con infinito amore ecc.). Le parole sono energia, usiamola a nostro vantaggio.

Scrivi nel tuo quaderno un obiettivo che ti sei prefisso usando questa nuova formula. Realizza che lo hai già raggiunto e l'Universo lavorerà con te per manifestarlo nella Terza Dimensione. Se la mente ti sta ingannando dicendo che non sei concreto in questo modo, be', è esattamente il contrario! Chi più di una persona che incarna già il suo obiettivo stesso lo manifesterà?

Così facendo sei già un vincente per definizione e sarai ancora più spronato nelle tue azioni quotidiane a manifestare ciò che in fondo senti e sai già di essere. Lo manifesti talmente tanto che in automatico ti stringe la mano pure Athos, la mente. Questo è il miglior modo per depotenziarla, rendendola potentissima.

Una volta scelto il tuo obiettivo, mi raccomando mai troppo specifico, anche se ad esempio volessi battere un singolo record in una gara, basta che manifesti di essere il numero uno a fare quello che fai, e in automatico farai il record.

Sappi che l'Universo non vede l'ora di esaudire ciò che desideri, e questa è scienza pura. L'importante, ovviamente, è che ciò che desideri sia in accordo con la tua mission e con le regole dell'Universo stesso.

Adesso che hai stabilito un obiettivo, vediamo i passaggi per esaudirlo. Ah, ovviamente, darsi una scadenza temporale non ha senso, in quanto tu sei già il tuo obiettivo stesso, e questo è il miglior modo "per metterti fretta". Il risultato si manifesterà al momento giusto.

Ogni volta che manifesti un obiettivo, c'è una cerimonia di iniziazione. Del resto, stai nascendo a nuova vita insieme al manifestarsi di ciò che sei. Ti stai ribellando, cioè stai tornando al bello, a quello che è buono e giusto per te.

Cerimonia di iniziazione
Qualsiasi sia il tuo obiettivo, solo per i primi ventuno giorni ogni mattina dovrai recitare il tuo mantra. Dieci minuti tutti le mattine, a occhi chiusi e in stato di pieno rilassamento, dovrai visualizzarti nel manifestarsi del tuo stesso obiettivo.

Rendi le scene il più ricche di dettagli possibile, devono essere veritiere. Ad esempio, sei una grande manager: visualizzati a una conferenza intorno a un tavolo mentre tu sei in piedi e gli altri seduti che ti guardano scrivere su una lavagna con il pennarello blu, mentre spieghi qualcosa di davvero importante. Nota come le persone ti guardano con attenzione e interesse. Sono molto affascinate da te. Poi, a un certo punto, ad esempio un tuo collega fa cadere il bicchiere d'acqua che era sul tavolo e scoppiate tutti in una fragorosa risata.

Ogni mattina nel tuo mantra ci sarà un episodio nuovo, sempre ricco e dettagliato. E mentre vivi il tuo film, ripeti anche a te stesso il tuo mantra/obiettivo ogni volta che senti di doverlo fare per caricarti di energia. Ad esempio, mentre sei davanti a tutti e devi spiegare una cosa importante, ripeti dentro te stessa: *Io sono Guendalina Coccodè e sono una grande manager. Grazie.* Recita il tuo mantra per ventuno giorni, poi lascia fare all'Universo. Le stelle lavorano insieme a te.

Ovviamente, recitare il tuo mantra non basta. Sia per i primi ventuno giorni che oltre, devi manifestare il tuo obiettivo stesso durante tutta la tua giornata. Tu devi essere il tuo obiettivo, quindi essere già chi hai scelto di essere nei tuoi atteggiamenti e comportamenti quotidiani.

Usa la fantasia, gioca. La vita è un grande divertimento, un gioco prima di tutto. Ad esempio, se manifesti l'obiettivo di essere il tennista numero dieci al mondo, ogni volta che ti alleni, ti atteggi e ti muovi, devi lottare da numero dieci al mondo, in quanto quello sei. Ogni volta che lo senti, ripeti a te stesso che sei il numero dieci al mondo.

Consiglio anche di registrare il tuo mantra con la tua voce e lasciarlo scorrere con delle cuffie mentre dormi. Anche questo fallo solo per i primi ventuno giorni. Oppure, il manifestarsi del tuo obiettivo è: *Io sono Calogero Il Simpatico e sono sicuro di me. Con infinito amore.* Ottimo, gioca a essere sicuro di te tutto il giorno. Con azioni concrete. Ricorda, sono sempre le azioni a farti svoltare. Buon divertimento!

E se dovessi avere paura?
Va bene, va bene, anche se è un'illusione della tua mente, ancora te la concedo. Prima di tutto potenzia il cuore, e alcuni modi già li conosci. L'unico modo per vincere la paura è far sì che diventi tua alleata, amica del cuore, che sia lei a darti la spinta finale per agire.

Senza paura ci saremmo estinti secoli e secoli fa, quindi ringraziamola profondamente. Detto questo, come renderla nostra alleata? Ci sono vari giochi per farlo, vediamone ora uno che potrà esserti utile.

Il supereroe sono io!
Smettila di dare alla tua paura tutta questa importanza, dai! Che poi, molte volte, è solo una scusa, sai? Del resto, "sei hai paura" sei autorizzato a stare dove stai! Mettiamo che il manifestarsi del tuo obiettivo sia "essere molto sicuro di te" o "l'uomo che vince il record di velocità". All'improvviso senti la paura. Nel corso delle tue giornate, mentre manifesti il tuo obiettivo, qualcosa ti impedisce di farlo. Ottimo, il supereroe è in arrivo!

Appena la paura ti travolge, chiudi gli occhi e rilassati. Fai tre respiri profondi e visualizza te stesso al centro della scena. Guardati da osservatore esterno, in posizione dissociata. Osserva nel dettaglio come sei mentre hai quella paura. Com'è il tuo sguardo? E la tua postura? Prenditi il tuo tempo per studiarti bene.

Ottimo, ora compare sulla scena il supereroe di te stesso. Sei tu, è la tua fotocopia. E tu noti lo stupore del te stesso impaurito mentre vede arrivare l'eroe che è identico a lui, solo con atteggiamenti opposti, di totale coraggio e decisione. È una scena magica, ti commuove vederla, ti emoziona profondamente.

Ora vedi il te spaventato che si inchina al supereroe, il quale inizia a recitare il mantra del manifestarsi del tuo obiettivo! E, più lo fa, più tu ti commuovi nel vedere che diventa sempre più potente, mentre il te stesso impaurito resta inchinato al te stesso magnifico.

Adesso il te stesso supereroe prende una spada magica di color ultravioletto e invita il te stesso spaventato al alzarsi per guardavi dritti negli occhi, uno di fronte all'altro. Ora entra nel tuo corpo. Guardati in prima posizione, in associato. Non sei più un osservatore esterno. Sei te stesso. Il te stesso magnifico ti punta la spada color ultravioletto dritta verso il cuore, con amore e determinazione.

Sei sempre più emozionato. Vi guardate negli occhi con amore e gratitudine. Sono attimi magici. Il te stesso supereroe ti parla, nella sua voce senti un infinto amore e coraggio: *Grazie a questa spada magica, il mio potere adesso è tuo. Tu sei me. Con tutto il mio cuore.* Il supereroe si inchina a te e tu adesso ti muovi e appari esattamente come lui. Siete identici.

È il momento più emozionante di sempre. Ti godi questa sensazione meravigliosa e, mentre l'altro te stesso è inchinato, gli dici con amore e gratitudine: *Grazie per avermi donato il coraggio e tutte le virtù. Ora un fascio di luce bianca sigillerà questa potente energia. Grazie con tutto il mio cuore.*

All'improvviso, un fascio di luce rossa abbagliante fa sparire la scena e ti costringe ad aprire gli occhi per tornare qui e ora e, quando apri gli occhi, ti senti forte ed energico più che mai. Il patto di alleanza è stato sigillato.

Ripeti questo gioco/esercizio ogni volta che percepisci una paura come non-alleata e fai che il te stesso supereroe ti trasmetta con la spada quella virtù che ti serve in quel momento. Athos, Porthos e Aramis sono fieri di te, adesso sono "Uno per tutti e tutti per uno".

L'Universo ti ama, con tutto il suo cuore
«Se vuoi parlare con qualcuno ed essere certo di essere ascoltato, rivolgiti all'Universo» (Giulia Moratti).

Ecco, il tuo più grande AllenaCuore e, diciamo anche, AllenaAnima. Parlare all'Universo. Dialogare con lui. Non importa come scegli di farlo, basta che tu ti connetta con lui come la più splendida abitudine. Sono contraria alle abitudini, così come alle zone di comfort, ma in questo caso no.

Fa' che la tua migliore pratica quotidiana sia parlare all'Universo, come farlo, be', puoi deciderlo tu. Io, ad esempio, lo faccio sia sotto forma di dialogo vero e proprio che nel silenzio, quando medito semplicemente osservando la bellezza di Madre Terra e ascoltandone il richiamo. Come ti dicevo, sono contraria alla zona di comfort, o forse no? Ma cos'è la zona di comfort?

Smettila di definire il tuo territorio!
«Io sono a casa ovunque, senza esserlo mai. Questa è la mia zona di comfort» (Giulia Moratti).

La tanto famosa e discussa zona di comfort. La conoscono più o meno tutti. Siamo abituati a sentire frasi come "La vita inizia dove finisce la tua zona di comfort" e simili. Ma dato che a noi piace essere logici e ribelli, perché limitarci?

Mi spiego, perché credere che la zona di comfort debba essere necessariamente limitata e quindi un limite da superare? Che sia chiaro, sono meravigliosi i limiti da superare, ma perché complicarci la vita quando possiamo semplificarla? Se io sono a casa ovunque senza esserlo mai, la mia zona di comfort in automatico sparisce, giusto? Forse basta solo cambiare punto di vista, prospettiva?

A oggi per me è davvero così. Io sono sempre a casa perché in fondo non ci sono mai, in quanto ovunque è la mia casa! Siamo figli dell'Uno, dell'Universo, la nostra anima è immortale, e mi devo far limitare dalla mente quando mente facendomi credere che ho delle zone di comfort? Io ho un'unica zona di comfort. Si chiama Ovunque.

Prova a vedere questa questione da questo nuovo punto di vista, in automatico depotenzierai la tua mente. È un gioco molto divertente. Trova il tuo modo per rendere la tua zona di comfort l'Ovunque. Ingegnati! Buon divertimento, fratello!

Esercizi pratici
Nella vita non basta limitarsi a guardare. Bisogna vedere. Ma per questo ci vuole una vista superiore, a occhi chiusi. Ecco che ora andremo a depotenziare la tua mente mentre attiviamo il sesto chakra, Ajna, il quale si trova al centro degli emisferi cerebrali, il famoso terzo occhio, e il cui verbo è "Io vedo, io comprendo".

Avere un sesto chakra attivo significa sviluppare le percezioni extrasensoriali, vedere oltre l'illusorio velo di Maya (Terza Dimensione) e aumentata capacità di guardarci dentro ed entrare in contatto con il nostro Sé. Anche per raggiungere i nostri obiettivi, avere un sesto chakra attivo è fondamentale. Non solo per manifestarli, ma anche per essere felici nel viverli, e quindi per poter avere uno stato di coscienza ottimale.

L'esercizio che ora farai lo "leghiamo" al manifestarsi del tuo obiettivo, così prendiamo due piccioni con una fava (ricorda che i detti popolari esprimono delle grandi verità biologiche, e pure animiche!).

Io vedo il tuo manifestarsi
Fai tre respiri profondi, chiudi gli occhi e rilassati più che puoi. Accertarti di non essere disturbato mentre fai l'esercizio. La procedura è molto semplice ed estremamente efficace: devi immaginare una scena del manifestarsi del tuo obiettivo come se fossi un osservatore esterno.

Rendila ricca di dettagli e colori. Può essere un'immagine ferma o in movimento, come preferisci, l'importante è che sia estremamente realistica. Vivi quella scena con amore e gratitudine, guardala, è davvero bellissimo e ti senti grato nel profondo del cuore.

Immerso in questo stato di beatitudine, immagina ora un raggio di luce indaco (il colore a cavallo tra il blu e il viola) che parte dal centro della tua fronte e colora tutta la scena di indaco, donando ancora più energia e vigore al manifestarsi del tuo obiettivo.

Più la scena si colora di quel colore, più il te stesso che vedi è energico e potente. Goditi la scena e, una volta che senti di aver raggiunto il picco di gratitudine ed energia, ripeti tre volte «grazie» a te stesso. Dopo averlo fatto, puoi riaprire gli occhi continuando a gustarti questa sensazione di assoluto amore e gratitudine. Portala con te per tutta la giornata.

Prova di coraggio
Questa è una grande prova. Una notte dovrai andare in un luogo buio, può essere una spiaggia o un bosco, è indifferente. Magari in un luogo che ti ha sempre fatto un po' paura.

Ti toglierai le scarpe e camminerai alla cieca (puoi usare la torcia del cellulare solo quando è necessario orientarti). Quando sentirai la giusta energia, ti potrai sedere e comunicare con l'Universo.

Potrai chiedergli qualsiasi cosa e in qualsiasi modo, il *tuo* modo. Ti abbandonerai all'amore dell'Universo. Sarai protetto e amato, e sarai grato di questo amore che si rivela al buio e che, proprio per questo, si esprime al massimo.

Sarà un momento molto sacro e di grande coraggio. Ce la farai, fratello. Ne sono certa.

Una volta superata la prova, puoi passare all'ultimo capitolo.

Sono emozionata.

RIEPILOGO DEL CAPITOLO 6:

- SEGRETO n. 1: Quando una persona associa la felicità al raggiungimento di un obiettivo, è nella mente, cioè nella separazione, e questo le causa una sofferenza che la tiene a basse frequenze e vibrazioni.
- SEGRETO n. 2: Viviamo nel campo di infinite possibilità, come dimostrato dalla fisica quantistica. Questo significa che dobbiamo solo scegliere quale realtà manifestare nel qui e ora.
- SEGRETO n. 3: Il tempo inteso come linea retta (passato-presente-futuro) è un inganno della mente. Ecco perché un obiettivo non deve essere raggiunto bensì manifestato.
- SEGRETO n. 4: Il destino, inteso come qualcosa di immutabile, non esiste. Siamo padroni di pulire il nostro karma e di scegliere sempre nel qui e ora se effettuare o meno un salto quantico. Possiamo riscrivere in ogni momento il libro della nostra vita.
- SEGRETO n. 5: Credere nella fortuna o nella sfortuna è la scusa dei perdenti. Manifestare un obiettivo dipende solo da quanto siamo integrati e in armonia nella nostra coscienza. Nulla è un caso nell'Universo. E noi siamo gli unici responsabili di tutto quello che attiriamo e manifestiamo nella nostra realtà.

Capitolo 7:
Come fare ritorno all'Uno

«Il Maestro apre la porta, ma tu devi entrare da solo».
(Proverbio cinese)

Sono davvero felice che tu sia arrivato fin qui. Lo sono davvero nel profondo del mio cuore, mentre sto scrivendo ho i brividi ovunque, l'Universo mi sta dicendo che questa è la via giusta. In questi giorni mi compare sempre il numero doppio 11.11. L'Universo comunica così anche con noi, tramite i Numeri Maestri.

E allora, 11.11 sia!
Sempre più persone al mondo concordano sul fatto di vedere sempre più Numeri Maestri, cioè numeri doppi o tripli. Questi numeri sono il ponte tra la Terza Dimensione e le altre, messaggi che l'Universo ci manda per comunicare con noi. Anche questo è ormai scientificamente provato. Ed è meraviglioso.

Il significato dei numeri maestri 11.11, ad esempio, è il seguente:

una Realtà Superiore si è inserita nella nostra vita quotidiana e si sta verificando una fusione tra il nostro vasto cosmo e i nostri corpi fisici. Questo trasforma il nostro DNA e ci permette di diventare vivi e vibranti oltre che totalmente reali. Vedere l'11.11 è una conferma che stiamo seguendo la giusta via e adempiendo alla nostra mission.

Inoltre, il numero 11 è considerato appartenente alle "vecchie anime". Lo sapevo di essere molto antica, grazie amato Universo per ricordarmelo sempre! Ebbene sì, il numero 11 è un invito al risveglio, cioè un messaggio rivolto a quelle anime che hanno tante reincarnazioni qui sulla Terra e che ora sono pronte per fare da "apripista" in questa Nuova Era sul piano energetico e vibrazionale.

L'Universo sta dicendo a noi anime antiche di adempiere alla nostra mission e di condurre tutti gli altri con noi verso questa nuova e meravigliosa Età dell'Oro.

E tu sapevi che l'Universo comunica con noi anche tramite i numeri? Ti capita di vedere numeri in modo ricorrente? Per dire, guardi il cellulare e compaiono sempre numeri doppi? O vedi sempre le targhe delle macchine con gli stessi numeri? Scrivi nel tuo diario la tua esperienza.

Ottimo, qualsiasi sia la tua risposta, presta sempre attenzione ai segnali dell'Universo. Lui fa di tutto per guidarti nella giusta via, e per condurti verso la tua mission. Ogni volta che compare un numero in modo ricorrente, o che semplicemente ti risuona in modo particolare, be' quello è un messaggio per te. Quindi vai subito su internet a cercarne il significato. L'Universo ti ama, è sempre dalla tua parte e vuole solo che tu scopra la tua missione, detto in altri termini, la tua felicità.

22 febbraio 2019: una data storica
«Le forze che stanno guidando l'umanità verso l'unità sono profonde e potenti. Sono materiali e naturali, oltre che morali e intellettuali» (Arthur Henderson).

Secondo i Maya, il mondo finì il 21 dicembre 2012, e avevano ragione. Quel giorno fu segnato dalla parola "fine". La Vecchia Era, fatta di dualità e separazione, sul piano energetico era conclusa. Si stava aprendo una Nuova Era, ma ci sarebbe stato un periodo di transizione, che si è concluso il 22 febbraio 2019. La Terra, come già abbiamo detto, si stava preparando per effettuare un grande salto quantico, il passaggio dalla separazione e dalla dualità al ritorno all'Uno.

22 febbraio 2019. Per volere dell'Universo, in questa data inizia ufficialmente la Nuova Era. Si è aperto un portale energetico fondamentale per la svolta, e per tutte le anime del pianeta. Il numero 2 rappresenta la dualità: maschile e femminile, luce e ombra, terra e cielo. Nel suo significato esoterico, il numero 2 rappresenta sia il contrasto che la riconciliazione degli opposti.

Essendo un'energia di portale, il 22 febbraio 2019 è avvenuta la riconciliazione degli opposti. L'ombra si è integrata alla luce, mascolino e femminino si sono riuniti. Insomma, per Madre Terra è arrivato il sacro momento di superare la dualità e, di conseguenza, anche per noi. L'Universo ci chiede a gran forza e con amore di essere multidimensionali.

Nella vita personale, così come nel lavoro, è richiesta collaborazione, unione, comprensione, tolleranza, resistenza. L'energia femminina è maestra del mondo, fusa nell'Uno con quella mascolina. Nei prossimi anni la società cambierà sempre più velocemente e radicalmente e la parola chiave per essere vincenti sarà flessibilità. Dovremo essere flessibili, verso noi stessi e verso il mondo che ci circonda, aperti a vivere un continuo e straordinario cambiamento.

Ma in quanti modi mi parli, amato Universo?
Oh, di certo non solo tramite i numeri maestri. Ricorda che il caso non esiste e che ogni cosa che ci capita, ogni persona che incontriamo ha per noi un messaggio che deve e può arrivare solo in quel preciso istante. Devi solo imparare a sentire e ad ascoltare con amore e con quell'attenzione che si riserva a tutto ciò che vale.

Ogni anima che incontri l'hai scelta tu, è una tua responsabilità, quindi anche quando ti capita di adirarti con qualcuno, riflettici. Quella persona, in quel momento, è il maestro che hai chiamato a te per crescere ed evolvere. Ricordati di fare il nostro esercizio "Con amore, ciak si gira" ogni volta che devi ripulirti a livello energetico ed emozionale.

La prima canzone che parte appena accendi la radio in macchina, credimi, non è un caso. Ascoltala con attenzione, cosa ti sta dicendo? Impara a essere attento nei confronti dei segnali. Più amerai l'Universo, più lui ti amerà. Adesso sto canalizzando questa informazione: prima di andare avanti e di concludere il libro, se riesci, guarda il cartone *Oceania*. Del resto te lo dissi all'inizio che saremmo rimasti bambini, vero? Se riesci guarda il cartone, con tutto il cuore che puoi, poi torna qui. Grazie.

Che grande maestra, Vaiana
Quante volte hai pianto per l'emozione nel guardare il cartone? L'avrò visto venti volte e mi commuovo ancora. Questo cartone è uno straordinario esempio di mente quantica, coraggio e libertà. Vaiana è una giovane ribelle (il ribelle è colui che torna al bello) che rompe tutte le sue zone di comfort, gli obblighi del suo villaggio e i preconcetti, diventando maestra del suo popolo.

«Mi dicono: se trovi uno schiavo addormentato, non svegliarlo, forse sta sognando la libertà. E io rispondo: se trovi uno schiavo addormentato, sveglialo e parlagli della libertà» (Khail Gibran).

Il percorso di Vaiana altro non è che la nostra crescita interiore, ma per adempiere alla nostra missione ci vuole un grande coraggio, un cuore enorme, proprio come quello di Vaiana. Il suo spirito guida? Chiaramente la nonna (fortissima, vero?). Colui che la indirizza? Be', sempre e in modo evidente l'Universo. E che dire di Maui, quel palestrato tutto muscoli? Semplice, la più grande prova che Vaiana deve superare.

Maui, ti rispetto e ti ringrazio ma adesso ti lascio andare!
Di tutti i maestri di Vaiana, Maui è forse il più grande. Lui è per lei una proiezione subconscia, rappresenta tutti i limiti che lei ancora deve superare. Cosa noti in Maui, quali tratti "caratteriali" (sia chiaro, il carattere in sé non esiste, ma giusto per capirci)? Scrivilo nel tuo diario.

Ottimo, bravissimo. Qualsiasi cosa tu abbia risposto (in base alle tue proiezioni) di certo avrai notato che Maui è "un cubetto d'ego" e rappresenta tutto ciò che in noi è ancora disfunzionale o non del tutto risolto.

Sfatiamo il mito che l'ego sia negativo. È vero, l'ego è codardo per natura e vuole il potere tutto per sé, ma è anche vero che è la nostra parte mentale sacra, per adattarci alla dimensione materiale. Benvenuto, ego. Ti amiamo per quello che sei e, proprio nel momento in cui iniziamo ad amarti profondamente, tu passi da disfunzionale a essere funzionale e, una volta depotenziato, sei un perfetto e prezioso alleato.

Se impariamo ad amarci profondamente, il nostro ego sarà depotenziato e quindi perfetto. Nel paradosso, solo chi si ama poco possiede un ego enorme. Guarda caso (che il caso non esiste) alla fine del cartone, in quale animale si trasforma Maui? In un'aquila. L'ego non solo è guarito, ma si è trasformato in una "vista superiore", dopo averci insegnato ciò di cui avevamo bisogno. Si è alleato con l'anima, con l'essenza dell'Universo stesso.

La solitudine è il mio gioco preferito
«La solitudine dà alla luce l'originale che c'è in noi» (Thomas Mann).

Non mi dire che non ami la solitudine o sappi che ti toccherà riiniziare il libro da capo, proprio sul più bello! Come mi diverto a scherzare un poco! «La solitudine è la piena presenza di te stesso a te stesso» (Giulia Moratti).

Ripensa a un momento di solitudine in cui sei stato particolarmente felice, riscrivilo e rivivilo con tutti i tuoi sensi poi, alla fine, aggiungi: *Sono grato per il dono della solitudine e per essermi amato incondizionatamente.*

Cosa ci insegna, Vaiana? Quali sono i suoi momenti di maggiore crescita personale? Prenditi qualche minuto per richiamare il cartone. Bene, quando è sola, in compagnia della sua anima e dei suoi spiriti guida. È lì che diventa maestra e donna. Mentre è sola, vince il giudizio, la paura, i limiti della Terza Dimensione e della mente. Insomma, trasforma il suo ego da disfunzionale in funzionale. Impara ad amarsi senza condizioni né limiti.

Bellissima è la scena di quando dalla barca si butta nell'oceano per andare a recuperare quello che, simbolicamente, è il suo cuore, cioè la sua vera natura nascosta in fondo all'oceano. Nella società tutti, volenti o nolenti, adottiamo delle maschere, e questo è funzionale, ma diventa disfunzionale se non sappiamo riconoscerle e giocare con esse. Siamo esseri multidimensionali, quindi bambini, e non ci serve più recitare, fingere, ingannare noi stessi e gli altri.

Ti consiglio vivamente, almeno una volta all'anno, di andare da solo in un posto in cui non sei mai stato. Zaino in spalla e via, alla scoperta di nuovi mondi dentro di te. Il primo viaggio che feci da sola fu a Londra e lo porterò tutta la vita inciso nel cuore. Imparai ad amarmi come non mai. Ero piccola, sola tra le vie del mondo, piccolissima e immensa. Ero una donna libera. Quel giorno per me fu una grande svolta. L'inizio del mio risveglio. E il mio inizio è anche il tuo.

Sì, perché siamo Uno. Non esiste separazione, non siamo mai soli. La solitudine, ricorda, è solo la piena presenza di te stesso a te stesso, cioè della persona che devi amare di più al mondo. La solitudine è il tuo dono più grande. Portalo sempre con te. Grazie, fratello.

Esercizi pratici
Ci siamo, è tempo di depotenziare la tua mente attivando il settimo chakra, Sahasrara, collocato alla sommità del capo, in

corrispondenza della corteccia cerebrale, e il cui verbo è "Io mi affido, io mi lascio andare al mio destino".

Attivarlo, metterlo in equilibrio, è mettere in relazione la nostra coscienza di Terza Dimensione con quella dell'Universo e significa entrare in comunione con la forza creatrice dell'Universo, sprigionando il co-creatore che vive in noi, il mago che siamo. Significa tornare alla profonda consapevolezza che siamo pura coscienza integrata, che semplicemente siamo tutto ciò che è.

Ti guiderò con un esercizio, ma attivare questo chakra è un processo interno e profondo, diciamo che io fornisco solo uno strumento, come del resto ho fatto per tutto il nostro meraviglioso viaggio insieme.

Io sono l'Universo
Prenditi cinque minuti e ripeti l'esercizio ogni volta che senti bisogno di connetterti al tuo vero Sé. Rilassati, fai tre respiri profondi e mettiti in una posizione comoda e rilassante per te.

Visualizza te stesso nella Terza Dimensione, in un momento in cui sei stato particolarmente grato e felice. Rivivi tutto di quel momento, in prima persona, fino in fondo.

Ottimo, dopo averlo fatto, immagina arrivare dall'alto un fascio di luce bianca e potentissima che ti trascina con sé su in alto, sempre più in alto nel cielo, fino ad arrivare all'Universo. È una luce potente e amorevole che, mentre ti fa ascendere, ti culla dolcemente. Ora stai volando nell'Universo e vedi la Terra dall'alto. È bellissima, vista da lassù.

Più la guardi con profondo amore e più il tuo corpo diviene leggero, la tua fisionomia umana inizia gradatamente a scomparire, fino a quando non ti trasformi in quel fascio di luce bianca. Tu stesso sei quella luce bianca. Tutto diviene sempre più leggero, immensamente e meravigliosamente leggero. La Terra è una tua creazione, e adesso la guardi solo con gli occhi dell'anima creatrice.

Goditi l'Universo che hai creato e, solo quando hai raggiunto uno stato di amore incondizionato e di totale felicità, torna al qui e ora. Sono molto orgogliosa di te, grazie.

Prova di coraggio

Be', a questo punto posso dirtelo, posso svelarlo. La vera e più grande prova di coraggio sei tu, la tua pura essenza che si manifesta in tutta la sua meraviglia. Aver letto questo libro ed essere arrivato fino alla fine è il più grande atto di coraggio che tu potessi fare. Per questo ti ringrazio con tutto ciò che sono. Mi inchino a te.

Adesso sono pronto, finalmente dimmi chi sono

A chi la stai facendo, questa domanda? Mi dispiace dirtelo, ma credo che la risposta non arriverà mai. Anzi, se ascolti bene è già arrivata. O meglio, è sempre stata lì.

Nel tuo primo pianto, quando l'anima ha scelto un corpo per reincarnarsi, sapendo che la sua missione sarebbe stata un insieme di alchimie ed emozioni. In quel sorriso di tua madre, la prima guida che hai scelto, la sacerdotessa per eccellenza. Quando ti sei sbucciato le ginocchia e l'Universo se la rideva sotto i baffi, perché sapeva che sarebbe stata solo la prima sbucciatura di una lunga serie e lui ti stava temprando con tanto amore. Ogni volta che hai percepito un messaggio in un soffio di vento o nelle parole di una bambina.

Ogni momento è stato *il momento*. Adesso è tempo di risveglio. È tempo di vivere la vita, quella che ti scorre dentro. Come scoprire la tua mission? Come esprimerti al massimo? Leggere questo libro è stato sicuramente un grande salto quantico e sono onorata di questo. Ma, credimi, proprio non vedevo l'ora di dirtelo. E l'Universo mi sta dicendo che adesso è giunta l'ora. Io sono solo una guida, ma...

Tu sei l'unico maestro. Il maestro sei tu
Adesso vai nel mondo pieno di amore e gratitudine. Vivi la vita, quella vera. Continua a buttare il cuore oltre l'ostacolo.

Grazie con tutto il mio cuore.

Con infinito amore
Giulia

RIEPILOGO DEL CAPITOLO 7:

- SEGRETO n. 1: Bisogna sempre prestare attenzione ai segnali che ci manda l'Universo. Non esistendo la casualità, ed essendo tutto pura energia, dobbiamo sempre ascoltare cosa l'Uno ha da comunicarci per poter evolvere nella nostra coscienza divina.
- SEGRETO n. 2: La solitudine è il più grande dono che puoi regalarti. Significa poterti riconnettere alla tua vera essenza e riscoprire chi sei veramente oltre le influenze e gli inganni della Terza Dimensione.
- SEGRETO n. 3: L'ego, a differenza di quanto spesso si crede, non è disfunzionale, anzi, è un nostro prezioso alleato. L'importante è che sia figlio di una mente depotenziata e integrata con il tutto.
- SEGRETO n. 4: Ogni persona che incontriamo, così come ogni esperienza che viviamo, l'abbiamo attratta noi. Questa presa di consapevolezza ci permette di assumerci la piena responsabilità della nostra sacra vita e non avere più scuse.
- SEGRETO n. 5: Ora che sei pura coscienza integrata puoi vivere nel campo di infinite possibilità con autentica consapevolezza e puoi effettuare un salto quantico dopo l'altro. Questo significa vivere una vita armoniosa, vincente e felice.

Questo vuol dire concentrarsi davvero sulla propria crescita personale. Buon viaggio.

Conclusione

Adesso è tempo di vivere fuori dall'ipnosi indotta collettiva che, per troppo tempo, ci ha portato a identificarci con la nostra mente. Se avere come centro il nostro cervello cerebrale era naturale e funzionale fino al 2012, oggi, se restiamo nella mente, in automatico rimaniamo poco evoluti e vincenti. Questa Nuova Era multidimensionale ci chiede di seguirla e il cervello cardiaco è diventato il nostro primo maestro e la nostra più preziosa guida. Dobbiamo allenarlo e potenziarlo costantemente.

La differenza, in questo nuovo mondo sempre più veloce e liquido, la faranno le persone che sapranno adattarsi al cambiamento con maggiore flessibilità e armonia, e questo non potrà farlo chi resterà schiavo del suo cervello cerebrale.

«Non è la specie più forte a sopravvivere, e nemmeno la più intelligente. Sopravvive la specie più predisposta al cambiamento» (Charles Darwin).

Questo meraviglioso viaggio insieme è stato solo un piccolo ma importantissimo passo. Abbiamo tolto il velo di Maya che non permette di vedere oltre gli inganni della mente, la quale percepisce solo la Terza Dimensione, cioè una piccolissima parte della realtà e di quello che siamo veramente.

Qualsiasi cosa tu faccia nella vita, e qualsiasi ambizione tu abbia, oggi per essere una persona autenticamente vincente e felice devi avere il coraggio di continuare a crescere ogni giorno.

La flessibilità è, oggi più che mai, il jolly delle persone vere e realizzate. Essendo noi i pionieri di questo nuovo mondo, dovremo scontrarci ancora per qualche anno con i pregiudizi e l'ignoranza delle persone, dove per ignoranza intendiamo semplicemente la non-conoscenza.

L'importante è continuare ad allenare il nostro cuore in modo pratico e concreto, in modo che la mente non possa predominare e farci cadere nella paura del giudizio, bloccando la nostra crescita personale.

Nulla di meraviglioso è mai stato fatto da chi credeva che non ci fosse qualcosa di più grande delle circostanze e oggi noi sappiamo chi siamo per davvero e che siamo molto più immensi delle nostre paure. Per troppi anni siamo stati lupi addestrati da cani, ma ora siamo pronti per liberarci dalle nostre catene. Questo è il volere dell'Universo, noi dobbiamo solo assecondarlo.

Come più grande consiglio, posso suggerirti di stare sempre "in guardia". La scuola, così come la società, ci ha resi passivi, spesso anche inconsapevolmente. Continua sempre a farti domande e ad ascoltarti nel tuo Sé più profondo, senza subire informazioni né dati. Attiva la tua parte ribelle e critica in modo costante.

Non prendere mai, o meglio quasi mai, qualcosa come "un dato di fatto". Cerca le risposte nel tuo cuore. Lascia sempre a lui la parola definitiva. Questo ti garantirà di essere sempre sulla via della scienza e della verità che, come ormai avrai capito, non sempre è la versione ufficiale che viene tramandata alla massa, al popolo.

Assisteremo a grandiosi cambiamenti nei prossimi anni all'interno della nostra società e la cosa ancor più grandiosa è che noi, se continueremo nel nostro percorso di autentica crescita personale, saremo pronti ad affrontarli in modo vincente e felice.

Ti consiglio di continuare a cercare guide, fuori e dentro di te, per poter evolvere ed effettuare quei salti quantici che renderanno la tua vita autentica e degna di essere vissuta, in tutta la sua pienezza e meraviglia. Tutti abbiamo bisogno degli altri per crescere ed evolvere, l'importante è ricordare sempre che l'unico e più grande maestro vive dentro di noi.

Sarò felice di averti presente ai miei eventi, se lo vorrai, per poterci conoscere e poter crescere insieme. Vai all'Appendice per trovare tutti contatti necessari.

Io sono qui per te. È la mia vita. È la mia mission.

Ti ringrazio con tutto il mio cuore e la mia anima

Tua Awake Coach

Appendice

Guida alle risorse

Ti suggerisco qui di seguito alcuni libri che hanno contribuito moltissimo alla mia crescita personale e alla mia evoluzione, come donna e come tua guida.

Richard Bandler, *Il potere dell'inconscio e della PNL*, 2009.
Paulo Coelho, *L'Alchimista*, 1995.
James Hillman, *Psicologia alchemica*, 2010.
Annie Marquier, *Usare il cervello del cuore*, 2007.
Italo Pentimalli - J.L. Marshall, *Il potere del cervello quantico*, 2014.
Clarissa Pinkola Estés, *Donne che corrono con i lupi*, 2009.
Igor Sibaldi, *Eros,* 2017.
Igor Sibaldi, *La specie nuova*, 2017.
Claudio Trupiano, *Grazie dottor Hamer,* 2018.

Corsi dal vivo

Ti voglio segnalare solo alcuni dei meravigliosi corsi miei e del mio Team, perché sono realizzati davvero con il cuore, oltre ovviamente in seguito a lunghi studi e conoscenze scientifiche. Grazie al mio team abbiamo fatto un lavoro straordinario. Se vuoi conoscere tutti i nostri eventi e i nostri percorsi online, visita il sito www.giuliamoratti.com.

Risvegliati Harry Potter – Per chi ha il coraggio di manifestare il suo essere co-creatore. Due giornate di incredibile risveglio, in cui andremo a compiere vere e proprie magie, modificando anche parti del nostro corpo, dopo una superemozionante cerimonia di attivazione del cuore. Preparati a ri-scoprire il tuo naturale potere.

Il potere di Eros – Una giornata alla scoperta dell'amore animico, in cui ri-scoprirai l'amore autentico verso te stesso e l'altro da te, vincendo gli inganni della mente che ti impedisce di essere felice e di amare oltre gli inganni della Terza Dimensione.

Crescere con i cartoni – Un viaggio nel nostro bambino interiore, per guarirlo e riscoprire la nostra grandezza. I cartoni ci guideranno nel diventare vincenti, grazie anche al supporto della fisica quantistica e della mente quantica.

Quantum PNL – Un corso di tre giornate in cui imparerai a comunicare efficacemente con te stesso e con il mondo esterno, secondo le leggi di questa Nuova Era. Uniremo una PNL superavanzata unita alla mente quantica, in modo da darti degli strumenti pratici per affrontare in modo vincente la tua vita. Particolarmente consigliato a chi sceglie di "essere imprenditore della sua vita", chi "non si accontenta" e chi vuole fare della sua vita un capolavoro.

Contatti
Puoi scoprire chi siamo e tutte le nostre iniziative sul sito www.giuliamoratti.com.

C'è anche la sezione dedicata a chi ha letto il libro, con molte sorprese per te.

Per contattarmi via email, scrivi a giuly.moratti@gmail.com

Cell. 346-5395291

Seguimi anche sulla mia pagina instagram@giulia_moratti. Qui potrai conoscermi per la donna che sono, nella mia quotidianità, e non vedo l'ora di crescere insieme.

Immensamente grazie, con tutto il mio cuore

Ringraziamenti

Un ringraziamento unico e speciale va a te, che sei la mia fiamma gemella, il mio Eros, e nulla sarebbe stato creato senza il nostro amore. Ovunque adesso tu sia, ovunque sei stato e ovunque sarai, sei sempre con me, amore mio. Grazie. Ti amo da mille vite e non smetterò mai di farlo.

Voglio ringraziare con tutto il cuore Giacomo Bruno, un'anima davvero speciale. Sei una bellissima persona, oltre che un grande editore. Ti ringrazio per aver creduto in me e per avermi dato quella spinta in più per realizzare il mio sogno.

Grazie anche a te, Mariarosa, per avermi seguita passo dopo passo nel lavoro di editing, per la tua preziosa gentilezza e disponibilità. Sei un'anima che vibra di pura luce.

Inoltre ringrazio tutto il mio adorato team, nonché la mia famiglia animica. Siete la mia forza e il mio orgoglio. Il nostro sogno condiviso vibra nelle corde della mia anima. Simone Sabbadin,

Andrea Sabbadin, Valentina Di Pino, Elena Morelli, Alessio Morelli. Grazie, miei cari.

Un enorme grazie anche alla mia famiglia biologica, a voi che ho scelto prima di reincarnarmi di nuovo su questa Terra. Grazie per tutto il supporto che mi avete sempre dato, anche quando vi sembravo "strana e diversa". In fondo ci siamo scelti per imparare l'uno dall'altro.

Un bacio speciale a Cloe, mia adorata nipotina, il mio angelo qui sulla Terra. Ho rivisto il tuo volto prima che ri-nascessi. Sei apparsa nel mio sogno più dolce. Ti amo, Cloe.

Questo libro, inoltre, non esisterebbe senza il volere dell'Universo. Per tutte le volte che sono caduta, che ho avuto paura, tu sei stato la prima Guida e Maestro. Ho solo imparato ad ascoltarti e a fidarmi di me stessa nel tuo divino riflesso.

Infine ringrazio con tutto il mio cuore le Anime di Luce che hanno sempre creduto in me e mi hanno scelta, mi scelgono e mi sceglieranno come guida, coach e faro nella notte. Sono profondamente grata a ognuno di voi.

Con tutto il mio amore e la mia gratitudine.

www.ingramcontent.com/pod-product-compliance
Lightning Source LLC
Chambersburg PA
CBHW050903160426
43194CB00011B/2274